知識ゼロからの
遍路入門
五十嵐英之
四国
幻冬舎

はじめに

何かとストレスが多い現代にあって、旅に癒しを求める人が増え続けている。全長１４５０kmにも及ぶ「四国八十八ヶ所巡り」は、信仰心だけでなく、健康やストレス解消、自分探しのためなど、さまざまな面から静かなブームだ。

誰に対しても大きく門戸を開き、いつでもどこからでも自由に始められるのも四国遍路の魅力である。自然豊かな四国の道を、弘法大師とともに歩く修行の旅。俗塵を離れ、生きる喜びを感じながら、巡礼の旅に出てみませんか。

道を聞いて動かずんば、千里いづくんか見ん

『続遍照発揮性霊集』より

1 23番薬王寺からは町の風景が一望できる　2 大浜海岸からの朝焼け
3 阿波の三大難所といわれる20番鶴林寺の参道
4 12番焼山寺の近く、杖杉庵の衛門三郎霊跡
5 愛犬とともに巡る遍路旅

阿波

徳島県

—発心の道場—

仏道修行の決心の地はここ徳島、阿波の国—発心の道場—。八十八ヶ所1450kmにも及ぶ長い長い遍路道、お四国歩きのはじまりです

現代語訳

どれだけ立派な仏の教えを聞いたとしても、自らの体を動かさなければ千里の道は少しもはかどらない

1

5

4

3

眼《まなこ》明らかなれば、
途《みち》に触れて
皆宝なり

『続遍照発揮性霊集』より

2

土佐

高知県

—修行の道場—

札所から札所への距離は遍路道最長、心と体の修行を行う土佐の国—修行の道場—。南国高知の海を望み、ゆっくり歩みをすすめます

1

現代語訳
ものの道理を見る目が開いていれば、身の周りのものすべてが大切なものだということがわかる

1 室戸岬の灯台　2 27番神峯寺の境内からは美しい土佐湾が望める
3 170段以上もある36番青龍寺の石段
4 24番最御崎寺の鈴紐には5円玉がたくさん　5 本堂内陣の天井画が見事な37番岩本寺。テーマもさまざま

六大《ろくだい》の遍ずる所、これ我が身《しん》なり

『続遍照発揮性霊集』より

現代語訳
地水火風空識、そのすべてが己の体に存在している

1

伊予

愛媛県

—菩提の道場—

険しい山々が続き、欲を捨て慈悲の心を起こす伊予の国—菩提の道場—。海から情緒溢れる城下町、そして道後温泉へと続きます

1 65番三角寺にて祈りを捧げる　2 松山市内では道後温泉にも立ち寄ってみたい　3 遍路道の至る所で見かける名産のみかん　4 58番仙遊寺の境内にて　5 山門から本堂まで266段の石段が続く45番岩屋寺　6 仏様の足型を表した仏足石

讃岐

香川県

—涅槃の道場—

苦しみを乗り越え、目的や決意が成就する讃岐の地—涅槃の道場—。若き日の空海も見たであろう大空に思いを馳せ、結願を喜びましょう

1枯山水庭園が美しい86番志度寺　2地蔵菩薩が見守る79番天皇寺　3紅葉に染まる金刀比羅宮　4ロープウェイで本堂まで向かう66番雲辺寺　5金刀比羅宮からの絶景　6結願の札所、大窪寺にて遍路旅を振り返る

我が仏、思議し難し

『秘蔵宝鑰』より

現代語訳

考えられないことだが、
仏様は自分の心のなか
に住んでいる

知識ゼロからの遍路入門

目次

第二章　四国遍路の準備

コラム

第三章　四国八十八ヶ所札所

四国霊場八十八ヶ所MAP

札所の順番で巡礼する〝順打ち〟なら1番札所がある徳島県から時計回りに、高知県、愛媛県、香川県と巡る。全行程は約１４５０㎞となる。

修行の道場

高知県（土佐）

- 24 最御崎寺
- 25 津照寺
- 26 金剛頂寺
- 27 神峯寺
- 28 大日寺
- 29 国分寺
- 30 善楽寺
- 31 竹林寺
- 32 禅師峰寺
- 33 雪蹊寺
- 34 種間寺
- 35 清滝寺
- 36 青龍寺
- 37 岩本寺
- 38 金剛福寺
- 39 延光寺

発心の道場

徳島県（阿波）

- 1 霊山寺
- 2 極楽寺
- 3 金泉寺
- 4 大日寺
- 5 地蔵寺
- 6 安楽寺
- 7 十楽寺
- 8 熊谷寺
- 9 法輪寺
- 10 切幡寺
- 11 藤井寺
- 12 焼山寺
- 13 大日寺
- 14 常楽寺
- 15 国分寺
- 16 観音寺
- 17 井戸寺
- 18 恩山寺
- 19 立江寺
- 20 鶴林寺
- 21 太龍寺
- 22 平等寺
- 23 薬王寺

涅槃の道場

香川県（讃岐）

- 66 雲辺寺
- 67 大興寺
- 68 神恵院
- 69 観音寺
- 70 本山寺
- 71 弥谷寺
- 72 曼荼羅寺
- 73 出釈迦寺
- 74 甲山寺
- 75 善通寺
- 76 金倉寺
- 77 道隆寺
- 78 郷照寺
- 79 天皇寺
- 80 国分寺
- 81 白峯寺
- 82 根香寺
- 83 一宮寺
- 84 屋島寺
- 85 八栗寺
- 86 志度寺
- 87 長尾寺
- 88 大窪寺

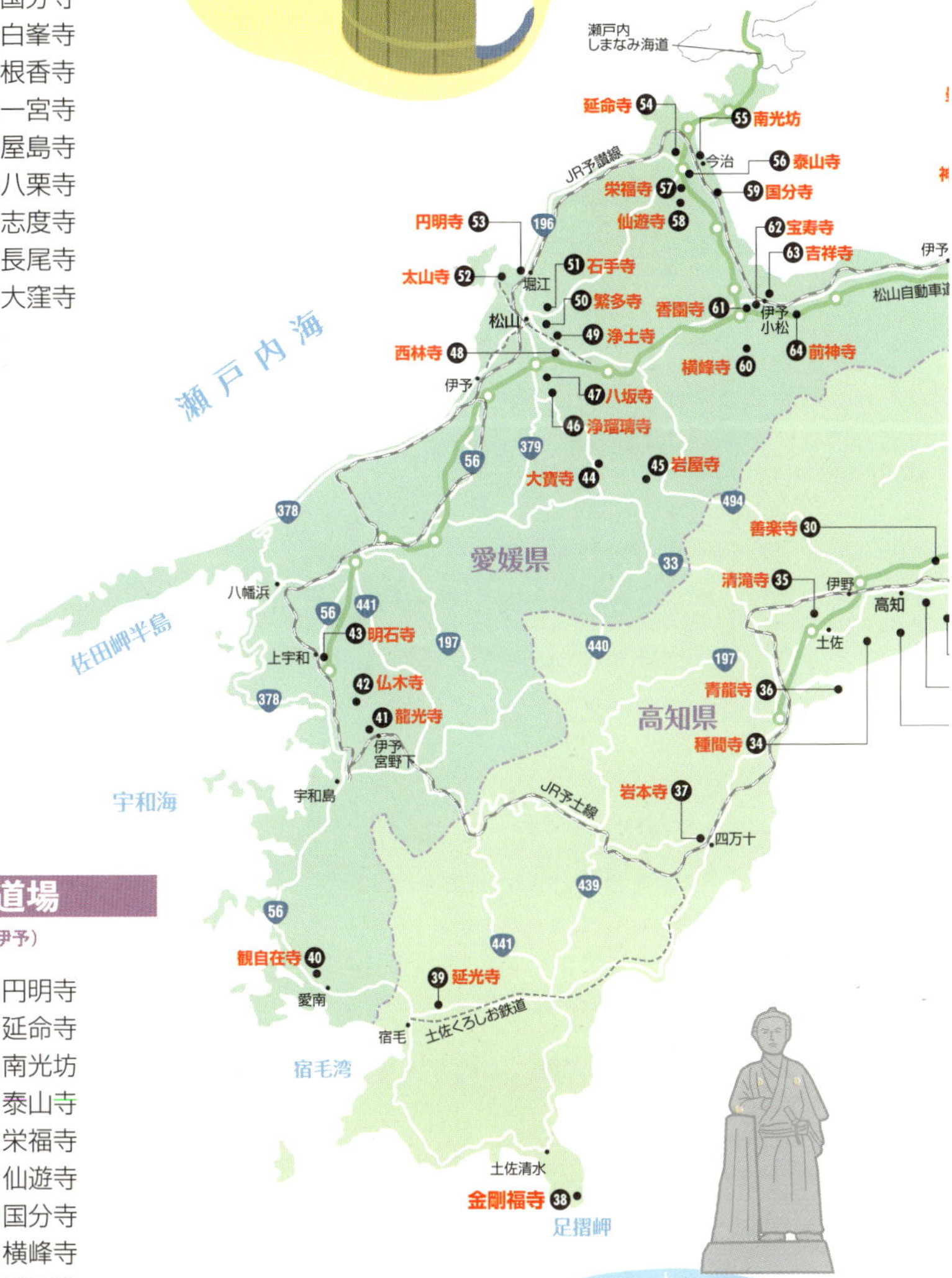
瀬戸内
しまなみ海道
延命寺 54
55 南光坊
今治
56 泰山寺
JR予讃線
栄福寺 57
59 国分寺
仙遊寺 58
62 宝寿寺
円明寺 53
196
63 吉祥寺
51 石手寺
太山寺 52
堀江
50 繁多寺
香園寺 61
伊予
小松
松山自動車道
松山
49 浄土寺
64 前神寺
西林寺 48
横峰寺 60
伊予
47 八坂寺
46 浄瑠璃寺
瀬戸内海
379
56
45 岩屋寺
大寶寺 44
378
494
善楽寺 30
愛媛県
33
清滝寺 35
伊野
高知
八幡浜
441
56
43 明石寺
197
440
佐田岬半島
土佐
上宇和
197
42 仏木寺
青龍寺 36
378
41 龍光寺
高知県
種間寺 34
伊予
宮野下
宇和海
宇和島
JR予土線
岩本寺 37
四万十
439
56
441
観自在寺 40
39 延光寺
愛南
宿毛
土佐くろしお鉄道
宿毛湾
土佐清水
金剛福寺 38
足摺岬

菩提の道場

愛媛県（伊予）

- 40 観自在寺
- 41 龍光寺
- 42 仏木寺
- 43 明石寺
- 44 大寶寺
- 45 岩屋寺
- 46 浄瑠璃寺
- 47 八坂寺
- 48 西林寺
- 49 浄土寺
- 50 繁多寺
- 51 石手寺
- 52 太山寺
- 53 円明寺
- 54 延命寺
- 55 南光坊
- 56 泰山寺
- 57 栄福寺
- 58 仙遊寺
- 59 国分寺
- 60 横峰寺
- 61 香園寺
- 62 宝寿寺
- 63 吉祥寺
- 64 前神寺
- 65 三角寺

弘法大師の教え

密教が説く
即身成仏の教え

真言宗の祖である弘法大師が、その一生をかけて伝えてきたものは「密教」の教え。悟りに到達するまでに何代も生まれ変わり、気の遠くなるような時間を必要とするほかの仏教と比べ、密教では今現在の体のまま直ちに悟りに至るとしている。

これが弘法大師のいう即身成仏。すべての人間はもともと仏と同じ悟りの境地に達する資質を秘めており、修行によって本来の姿に立ち返ることができる——肉身のまま即時に成仏できると説いている。真言密教の根幹となる考え方である。

弘法大師の教えを
具体化した言葉

密教の教えに基づいて即身成仏を目指すのがお遍路の旅。衆生救済を願い、魂の安息を求める長い旅は常に弘法大師と歩く「同行二人」という言葉に集約されている。

無財七施（→P.22）
四国遍路の三信条（→P.22）
十善戒（→P.23）

この3つの言葉もお遍路修行に欠かせないもの。常に弘法大師とともにいることを念頭に、修行の世界に身を置いて険しく長い遍路道を歩んでいきたい。

弘法大師 略年表

774年	1歳	讃岐国多度郡屏風ヶ浦《さぬきのくにのたどのごおりびょうぶがうら》(善通寺《ぜんつうじ》)に生まれる。
780年	7歳	幼名は真魚《まお》。捨身ヶ嶽《しゃしんがだけ》で仏に捨身誓願をしたと伝えられる。
792年	19歳	阿波、土佐、伊予の石鎚山など四国の各地で修行を積む。
815年	42歳	四国八十八ヶ所霊場を開創したと伝えられる。
816年	43歳	高野山開創が勅許される(45歳にて、初めて高野山に登る)。
835年	62歳	3月21日高野山において入定する。
921年		醍醐天皇より弘法大師の諡号《しごう》を賜る。

第一章

遍路の基礎知識

お遍路に必要な道具は？　参拝に作法はあるの？　など出発する前に知っておきたい基礎知識をガイド。これさえ知っておけば、いつでもお遍路に出られる。

遍路の歴史

いつ誰が四国遍路を整備し、巡礼を始めたのか。空海や観音への庶民信仰、社会の変化によって受け継がれてきた遍路の歴史とは。

四国の辺地で修行した聖が原型

　四国の山野、海辺を巡礼するお遍路はいつ、誰が始めたのだろうか。空海が始めたとか、衛門三郎（P20参照）が空海を追って四国を巡ったのが元祖とか諸説いわれている。

　実は、空海以前にも四国の山野を巡り歩く信仰は存在していた。『今昔物語集』や『梁塵秘抄』には「四国ノ辺地」「仏ノ道ヲ行ケル僧」などという言葉が登場する。これは古代末期から中世初頭の「聖」と呼ばれる民間宗教者を指すものとされ、その中には人里離れた山や洞窟で修行するものもいた。これがお遍路の原型では、といわれている。

源流　奈良〜平安時代

　養老2（718）年、唐から帰国した道慈が虚空蔵《こくうぞう》菩薩《ぼさつ》求聞持法《ぐもんじほう》を伝えると、民間宗教者らは大自然と一体化して修行する求聞持法に没頭する。室戸岬や大滝岳で修行に専念した空海もその中の一人である。

　無名の修行者の一人にすぎなかった空海だが、遣唐使とともに唐へ渡り、密教の経典や仏像、曼荼羅《まんだら》など中国の先進的な仏教を日本に持ち帰ったことにより、その後は日本を代表する高僧の地位を築いていく。

開創

平安〜室町時代

没後86年を経た延喜21（９２１）年、醍醐天皇から「弘法大師」の諡《おくりな》を授かったことにより、空海の存在感は絶大なものになる。死してなお高野山の奥の院に時間を越えて入定しているという「法身弘法大師信仰」が成立。これ以降、鎌倉時代にかけて真言宗の僧を中心に四国の大師遺跡を巡る習慣が定着していった。

室町時代前期には熊野信仰と観音巡礼信仰が大流行し、四国各地の聖地にも熊野社が多く勧請《かんじょう》された。それをまつる神宮寺や別当寺も合わせて建立。そこに弘法大師信仰が宿り、次第に霊場の数を増やしていった。

大衆化

江戸時代

江戸時代に入ると庶民文化の繁栄や貨幣経済の定着に伴って、〝旅〟という意味で四国遍路が大衆化していく。

ここで大きな役割を担ったのが貞享４（１６８７）年に初の四国遍路ガイドブック『四国辺路道指南』を発行した真念。初めて88の番号と札所が掲載された本で、その後１５０年にもわたって愛読されたロングセラーである。

18世紀以降はガイドブックのほかに絵図も出版されるなど、庶民の間で四国遍路はブームとなる。

癒し

明治〜現代

明治初期、神仏分離の影響から四国遍路は一時低迷期を迎える。が、大正から昭和にかけては鉄道や自動車の発達に伴ってお遍路は増加。

太平洋戦争で中断するも、昭和25年頃には復興。高度経済成長の中でマイカーや団体バスでのお遍路も盛んになる。そして現代は、癒しや自分探しの旅として四国遍路は世代を問わず高い人気がある。

遍路の文化

遥か昔から脈々と受け継がれてきた四国遍路。その成り立ちや教えに通じる「衛門三郎の伝説」を知っておこう。

Q1「遍路」の意味って?

A かつては海岸沿いの道や土地を「辺地」や「辺路」と呼び、弘法大師信仰が広まるにつれて「四国の修行する土地や道」を指すようになったといわれている。現代では四国巡礼の意味。

Q2「同行二人」とは?

A 常に弘法大師の姿を心に描いて巡礼するという遍路の心の支えになる言葉。険しい遍路道を一人で歩く時、ついつい悪い心を抱きそうな時、なまけ心が芽生える時、いついかなる時も大師に見守られている。

遍路文化の源流 衛門三郎の伝説

四国遍路の歴史や文化を語る上で、知っておきたいのが遍路の元祖といわれる衛門三郎の伝説だ。

その昔、伊予に河野衛門三郎という強欲非道の庄屋がいた。ある日、一人の僧が門前で托鉢したが、衛門三郎は僧の鉄鉢を叩き落してしまう。鉄鉢は8つに砕けて飛び散ってしまった。

衛門三郎には8人の子がいたが、それから毎年一人ずつ亡くなり、8年目には全員死んでしまう。悲しむ衛門三郎の夢枕に、いつかの僧が現れ、「前非を悔いて情け深い人になれ」と告げた。衛門三郎はあの時の僧が弘法大師だっ

Q3 順番にまわらなくてはダメ？

A　四国遍路は何番からどうやってまわってもいいし、何日かけてもいい。ただ、大きい番号の札所からさかのぼってまわる逆打ちは、難所が多く、案内板もわかりづらいために迷いやすいことから順打ちの3倍の功徳があるといわれる。

Q4 なぜ八十八ヶ所ある？

A　いつ誰によって定められたのかは不明。札所も時代とともに変化しているし、数も流動的だったと考えられる。室町時代末期にはほぼ今の形になったといわれている。

Q5 「お接待」とは？

A　自分の代わりに巡礼してほしい、という心から発展した四国遍路ならではの文化。お遍路に食べ物や金銭を施したり、一夜の宿を提供したり、その内容はいろいろ。

たと気付き、許しを請うため大師の姿を追って四国遍路の旅に出る。しかし、20回巡礼しても逆打ちしても大師には会えず、とうとう12番焼山寺の近くで病に倒れてしまった。死を目前にした衛門三郎の目の前に大師が現れ、路傍の石に「衛門三郎再来」と書いて左手に握らせると、衛門三郎は静かに息を引き取ったという。

その後、伊予国の領主河野息利《やすとし》に長男が生まれたが、その子の左手から「衛門三郎再来」と書かれた石が出てきた。その子こそ、衛門三郎の生まれ変わりだったのである。

この伝説には、亡き人の菩提を弔うとか、悪行を慎むとか、遍路文化に通じる教えがすべて含まれている。今も四国を巡っているであろう大師の姿を追う心は「同行二人」を意味し、他人に助けられながら巡礼する姿はお接待の精神を表現している。

遍路の心構え

どこから打ち始めてもよく、宗派の有無も問わないお遍路。しかし、長い修行の旅では基本的なマナーや心構えを大切に歩きたい。

脈々と受け継がれる弘法大師の教え

真言宗を開いた弘法大師ゆかりの札所を巡るお遍路。全道程１４５０㎞、88ヶ寺を巡礼する旅は、「同行二人」といわれるように弘法大師とともに歩む道である。自らの人生を見つめなおすため、愛する人への追善供養、病気平癒を祈るためなど、人はさまざまな理由でお遍路の旅に出る。形やきっかけはさまざまでも、信仰心や大師の慈悲に深く触れ、道中修行することに本来の意義がある。まず知っておきたい修行の一つ「無財七施の修行」と、遍路修行の精神を説いた「四国遍路の三信条」を解説しよう。

無財七施の修行

❶ **眼施《がんせ》** 優しい眼差しをかける

❷ **和顔施《わがんせ》** いつも笑顔を絶やさない

❸ **言施《ごんせ》** 温かい言葉をかける

❹ **心施《しんせ》** 思いやりの心を持つ

❺ **身施《しんせ》** 自分の体を使って奉仕すること。困っている人には手助けをする

❻ **牀座施《しょうざせ》** 自分の順番や席を相手にゆずること。自分は後回しでいい、お先にどうぞという心

❼ **房舎施《ぼうしゃせ》** 自分の家を一夜の宿として貸すこと。空き部屋がない人には相部屋をすすめる

四国遍路の三信条

❶ 「悩める者、苦しむ者、最後の一人まで救い尽くすであろう」という弘法大師の言葉を信じ、巡拝中は常に大師と寝食をする思いで過す。

❷ 何事も修行と心得て、愚痴、妄語を慎む。

❸ いかなる人もこの世で救われることを信じ（現世利益）、功徳を積むことで88の煩悩を消滅させよう（仏の恵みに感謝しよう）。

弘法大師の加護を受けて歩く修行の道。何事も試練と受け止め、感謝の気持ちを忘れずに巡拝したい

「まことの道」を説く十善戒を唱える

十善戒とは、弘法大師が残した「諸戒は十善を手本とする」という教えで、お遍路が守らなくてはならない戒律のこと。身と口と意（心）の働きを正しくして生きていくことを心に誓って実践していくことを説いている。88ヶ寺を巡拝するお遍路は、常にこの10項目を心においてお参りすることが大切である。

唱えるお経は「弟子某甲　尽未来際　不殺生　不偸盗　不邪淫　不妄語　不綺語　不悪口　不両舌　不慳貪　不瞋恚　不邪見（でしむこう　じんみらいさい　ふせっしょう　ふちゅうとう　ふじゃいん　ふもうご　ふきご　ふあっく　ふりょうぜつ　ふけんどん　ふしんい　ふじゃけん）」と読み、これを3回繰り返す。意味は下記の通り。

十善戒

❶ **不《ふ》殺《せっ》生《しょう》**　すべての命を大事にする

❷ **不《ふ》偸《ちゅう》盗《とう》**　盗みをしない

❸ **不《ふ》邪《じゃ》淫《いん》**　邪淫はしない

❹ **不《ふ》妄《もう》語《ご》**　嘘、偽りを言わない

❺ **不《ふ》綺《き》語《ご》**　飾らない言葉で話す

❻ **不《ふ》悪《あっ》口《く》**　悪口は言わない

❼ **不《ふ》両《りょう》舌《ぜつ》**　二枚舌は使わない

❽ **不《ふ》慳《けん》貪《どん》**　欲張らない

❾ **不《ふ》瞋《しん》恚《い》**　怒りを抑える

❿ **不《ふ》邪《じゃ》見《けん》**　間違った考えを捨てる

八十八ヶ所を巡り終えたら…

高野山奥の院で大願成就

88ヶ寺を巡拝して結願を迎えたら、ぜひ訪れたいのが和歌山県に鎮座する高野山奥の院。弘法大師の御廟に詣でて、無事報告をするとともに、無事を感謝して納経する。（詳細は→P142）

遍路の用語

お遍路で使われる用語は、独特の言い回しのものが多い。知っていればお遍路同士の話もはずむ。出発前にぜひ覚えておきたい。

時を越えて伝わる遍路用語

巡拝の方法や札所の建物、仏様の種類など、遍路にまつわる用語は日常生活では縁のない言葉がほとんど。知らなくて困ることはないが、お遍路をやるからには知っておきたいものばかりである。言葉の意味を考え、それを実践することも大切な修行の一つといえる。

あ行

一国参り（いっこくまいり）
阿波国（徳島県）、土佐国（高知県）、伊予国（愛媛県）、讃岐国（香川県）の各一国の札所だけを巡拝すること。

打ち納め（うちおさめ）
予定していた巡礼の最後の札所を巡拝し、最終札所に納め札を納めること。

打ち抜け（うちぬけ）
前の札所から来た道を通らずに、別の道を通って次の札所に向かうこと。

打ち戻り（うちもどり）
次の札所へ行くため、通って来た道を戻ること。参道を戻る場合も使う。

打つ（うつ）
札所を巡拝すること。昔は木製や金属製の納め札を本堂の柱などに打ちつけたことからこういわれている。

お砂踏み（おすなふみ）
巡礼用に各札所本尊の軸や砂を集め、その砂を踏みながら礼巡すること。

お接待（おせったい）
地元の人たちがお遍路に食べ物や飲み物、金銭などの施しを与えること。自分の代わりに遍路してほしいという心の表われで、功徳を得られるとされる。受けた場合はありがたく頂戴すること。

御影（おみえ）
札所本尊の尊像を白い紙に刷ったもので、納経の際に1枚渡される。

か行

重ね印（かさねいん）
一度朱印をいただいた納経帳に2回目以降の巡拝でも重ねて朱印をいただくこと。

逆打ち（ぎゃくうち）
88番から1番へと逆に巡拝すること。逆打ちは難所が多いため、順打ちの3倍のご利益、功徳があるとされる。

区切り打ち（くぎりうち）
八十八ヶ所を何度かに区切って数ヶ寺ずつ巡拝していくこと。

結願（けちがん）
八十八ヶ所の札所をすべて巡拝し終え、最後の札所を打つこと。満願ともいう。本来は、そこから和歌山県の高野山奥の院へ詣でる。

御詠歌（ごえいか）
四国八十八ヶ所の各札所にあり、和讃、和歌などに節をつけたもの。

さ行

山門（さんもん）
お寺の入口となる門のこと。仁王像を安置する仁王門の場合が多い。

朱印（しゅいん）
納経の印として納経帳や納経軸、白衣に受ける印のこと。朱印は札所本尊の分身といわれ、ご利益があるとされる。

宿坊（しゅくぼう）
寺にある宿泊施設。宿泊すれば朝夕のお勤めに参加でき、住職の法話を聞くこともできる。宿によっては歩き遍路のみを受付けているところもある。

順打ち（じゅんうち）
札所を番号順に巡拝することで、1番からではなく途中から始めても番号順に回れば順打ちになる。

標石（しるしいし）
遍路道に建てられている道案内のための石柱のこと。次の札所までの距離や方角が刻まれている。

善根宿（ぜんこんやど）
見ず知らずのお遍路を無償で自宅に宿泊させること。巡拝者はその家の仏壇に拝し、納札をするのが礼儀。

先達（せんだつ）
八十八ヶ所を何度も巡り、霊場会本部から資格を得た遍路経験者のことで、初心者のお世話や先導をする人。巡礼の回数によって先達、権中先達、中先達、権大先達、大先達、特任大先達、元老大先達の7段階に分かれる。

た行

大師堂（だいしどう）
寺の中で弘法大師がまつられている堂。大師像が安置されている。

同行二人（どうぎょうににん）
一人で歩いていても弘法大師が常にそばで見守ってくれているという意味。四国遍路の精神を表す言葉。

通し打ち（とおしうち）
1回の巡拝で88ヶ寺すべての札所を巡礼すること。

な行

日曜遍路（にちようへんろ）
日曜日や祝日を利用して日帰りで巡礼をすること。

納経（のうきょう）
参拝の際、写経を札所に納めること。現代では写経の代わりに読経するのが普通。

納経所（のうきょうしょ）
納経した証として納経帳に墨書と朱印をいただく場所。受付時間は7時～17時（横峰寺は12月25日～2月末　8時～16時）。納経料は３００円～。

は行

遍路転がし（へんろころがし）
お遍路泣かせの険しい坂道がある難所のこと。順打ちの場合、12番焼山寺が最初の難所になる。

発願（ほつがん）
巡礼を始める決心のこと。

本尊（ほんぞん）
寺の象徴である本堂に安置された仏像のこと。数年に一度ご開帳される秘仏の寺も多い。

遍路の旅支度

伝統的な巡拝装束から簡略スタイルまで。自分にあったお遍路衣装に身を包み、気持ちを引き締めてから旅に出よう。

自分にあった遍路スタイルを

お遍路さんの服装といえば白装束が一般的である。次ページに表わしたように、白い地下足袋に手甲《てっこう》・脚半《きゃはん》、白衣に菅笠《すげがさ》、手には金剛杖《こんごうづえ》が正式で、すなわちこれは死装束を意味する。かつては今と比較にならないくらいほど難行だった四国遍路において、どこで死んでもいいという覚悟の表われであり、金剛杖は行き倒れたお遍路の墓に立てる墓標代わりともいわれている。

交通の便が格段によくなった現代では、白衣は清浄無垢な巡礼姿を表わす意味で着られている。これさえ身に付けていれば誰からも一目でお遍路とわかり、地元の人やお遍路同士の交流を深める上でも役に立つ。そして、なにより身に付けることによって自然と気持ちが引き締まる。

基本的に巡拝スタイルは個々の自由だが、上記の意味からも白衣と輪袈裟《わげさ》、金剛杖の3点はぜひそろえたい。遍路用品は1番札所の霊山寺の売店や門前にある専門店などで購入できる。

お遍路をするにあたって服装や持ち物の決まりはない。店での遍路用品選びは、自分の好みや旅のスタイルを決めてから

遍路用品その前に…

出発前に入念な準備を

車でも最低12日程度、歩いて巡れば数ヶ月という長い旅になるお遍路。白衣や金剛杖といった遍路用品は現地で容易に調達できるが、着替えや雨具、食料を入れるリュック、常備薬などの携行品は出発前に用意しておこう。長い距離を歩くのに適した靴を選ぶのも大切である。

正式な巡拝スタイルと略式

大半のお遍路が簡略スタイル

頭からつま先まで正式な巡拝スタイルで歩く人はかなり少数派。ほとんどは、ジーンズなどの歩きやすいズボンにウォーキングシューズといった略式スタイルで巡っている。最低限、白衣は用意したい。

正式

白衣の上から輪袈裟をかけ、手甲をつけた手に金剛杖を持ち、足には脚半と地下足袋を履く。頭陀袋の中にはお経を奉納する際に必要な経本や納経帳、納め札、線香・ロウソクなどを入れる。菅笠は日除けや雨をしのぐのに役立つ。

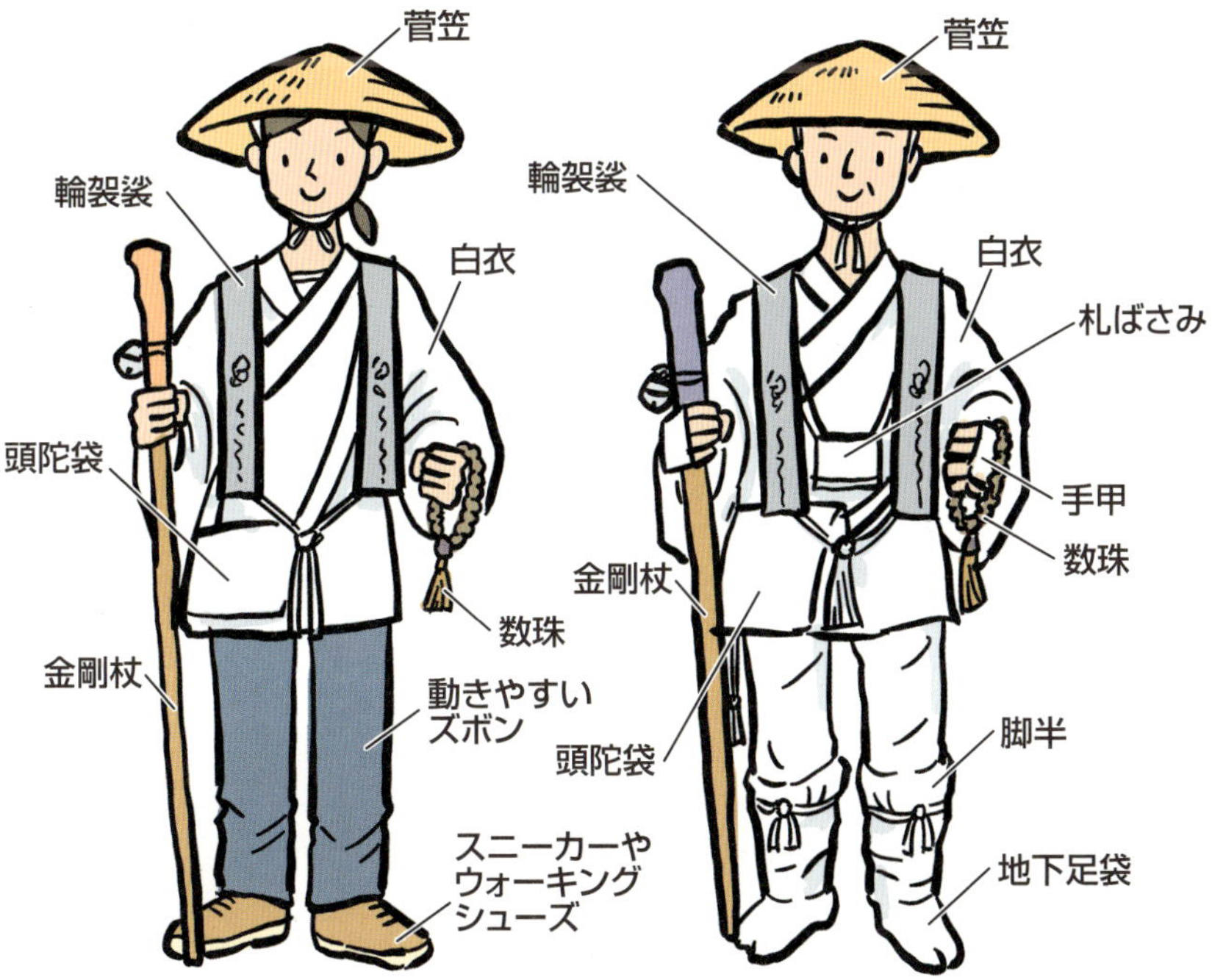

略式

現代のお遍路は大半がこのスタイル。白衣は悪天候の時でも目立つため、歩行中の交通安全にも役立つ。

遍路用品を知る

「同行二人」を噛み締めて歩く修行の旅が四国お遍路。遍路用品にも一つ一つに意味や扱い方があり、それを知ることも修行の一つと考えたい。

大師との二人旅に欠かせない品々

白衣や金剛杖、菅笠などに書かれている「同行二人」の文字は、「常に弘法大師とともに歩いている」という四国お遍路の精神を表わす基本的な言葉。一人で巡礼しても仲間と歩いていても、それぞれが常に弘法大師に見守られながらの二人旅であるという意味である。

このようにお遍路の旅で身に付ける用具にはすべて意味があり、それを知った上で旅に出ることは、弘法大師の教えに導かれ、修行による功徳を積むためにも非常に重要なことである。

白衣は「びゃくえ」とも読み、背中に「南無大師遍照金剛」「同行二人」の文字が書かれている。体力と気力が必要とされる苦しく困難な旅だった昔は、どこで息絶えてもいいように死装束を着て歩いたといわれ、その名残と伝えられている。現代でも自分の死に際してお棺に入れると、極楽往生できるといわれている。

金剛杖は弘法大師そのものであり、用具の中でも特に大切に取り扱うことが必要。その日の宿に着いたら、自分が休むよりもまず杖の汚れた先端を洗い清め、床の間などの清浄な場所に保管する。また、橋の下にはお大師様が寝ているという伝説から、橋を渡る際は杖を決してついていけない。

そのほか代表的な遍路用品は次ページの通り。

遍路用品がすべてそろう場所

旅の途中でも調達は可能

現地で遍路用品をそろえられる場所は1番、2番、10番、19番、24番、28番、51番、75番、77番、86番、88番の各札所の売店や門前の遍路用品店。消耗品である納め札や線香・ロウソクはどこの札所でも求めることができる。

1番札所霊山寺の本堂に隣接する売店は、品ぞろえ豊富。経本や納経帳、数珠などは色もデザインもさまざまで、どれを使ってもいい

遍路用品をそろえる

⇦輪袈裟

首からかける略式の袈裟。トイレなど不浄な場所では外すのが決まり。1200円前後～

⇦白衣

上下ともに無地の白。笈摺（おいずる）という袖なしのものもある。2000円前後～

菅笠⇧

日除けや雨除けに重宝する遍路笠。梵字が正面になるようにかぶる。小1300円～

御影帳⇧

各札所のご本尊のお姿（御影）を入れるための保存帳。デザインはいろいろ。1600円前後～

⇩経本

般若心経、ご本尊真言、光明真言など四国遍路に必要な経典が書かれた本。320円～

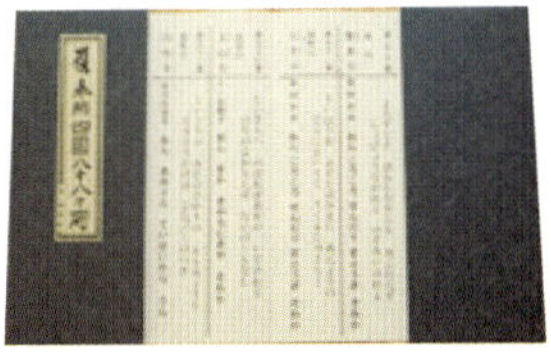

⇦頭陀袋

経本や納経帳など巡拝に必要なものを入れる。さんや袋ともいう。1050円～

⇦数珠

真言宗用のものを用いることが多いが、家の宗派の数珠を使ってもいい。2000円前後～

⇩納め札

本堂と大師堂に納める札。色は巡拝の回数で決まっており、1～4回は白。100枚100円

⇦金剛杖

弘法大師の分身といわれ、札所では自分よりも先に休ませること。740円～

使い終わった金剛杖は…

金剛杖は次回のお遍路で使うこともできる。八十八ヶ所を巡り終えた記念に結願を迎えた寺で奉納する人も多い。

線香・ロウソク⇨

読経の前に本堂と大師堂にそれぞれ灯す。火をつける際にはもらい火はしない。線香320円～、ロウソク270円～

⇧納経帳

各札所でお参りした証として墨書と朱印をいただく。御詠歌入りのものもある。2100円～

本堂と大師堂で参拝

霊場では基本的な作法を守って参拝したいもの。四国遍路ならではの作法もあるので、基本的な順路と手順をガイドしよう。

本堂と大師堂に必ず参拝するのがしきたり

四国八十八ヶ所の参拝は各札所で読経して、お経を納めるのが特徴。お経を唱えることで一巻の写経を奉納したとされ、その証として墨書と朱印がいただける。四国の札所では寺の中心である本堂に加え、必ず弘法大師をまつる大師堂がある。お遍路では、本堂と大師堂の両方にお参りすることになっている。

主な順路

山門
⇩
本堂
⇩
大師堂
⇩
納経所

❶山門

寺の表門となる門。仁王像を安置する仁王門や鐘楼堂を兼ねた鐘楼門など、種類はいろいろ。通る時には必ず手を合わせ、一礼をする。

❷本堂

寺の中心となるお堂。その寺の主である本尊が安置されている。本尊は十一面観音や薬師如来、阿弥陀如来、大日如来など、寺によって異なる（49ページ参照）。納め札を納めて読経する。四国霊場の札所では秘仏として拝観できない本尊も多い。

❸大師堂

弘法大師がまつられているお堂で、大師像が安置されている。本堂と同じ要領で参拝する。

❹鐘楼

参拝する前に鐘を撞くためのお堂。札所によっては禁止されているところもある。

❺多宝塔

上下二重の屋根を持つ仏塔で、小さな札所ではないところもある。大日如来を本尊としてまつっていることが多い。四国霊場では10番切幡寺の多宝塔が国の重要文化財に指定されている。

❻納経所

本堂・大師堂などへ参拝が済んでから、お経を納めた印として、墨書と朱印をいただく場所。

1番霊山寺の本堂。堂内は独特の霊気に包まれ、お遍路が奉納する読経の響きがいつも絶えない。自然と敬虔な気持ちになる。

札所の伽藍図

境内の構成を知ろう

この図は第8番札所熊谷寺の伽藍配置を表したもの。お堂や鐘楼などの配置は札所によって異なるが、境内に点在するお堂の種類は大体同じ。中門や多宝塔がない札所もある。

参拝の手順

それでは実際に参拝の手順と作法を写真で見ていこう。参拝の前には身なりを整え、心を鎮めておきたい。

山門で一礼
札所に到着したらまずは仏様と弘法大師への挨拶のため、山門で合掌一礼を。門を守る左右の仁王像にも一礼。

手水場で手と口を清める
参拝の前に身を清める儀式。柄杓で水を汲み、左手・右手・口の順で清め、残った水で柄杓の柄を清める。

賽銭をあげて合掌
小銭を賽銭箱に静かに差し入れ、無事に到着した感謝の心を込めて手を合わせる。賽銭の金額に決まりはない。

読経する
経本を手にしてお経を唱える。読経後は数珠をすり、合掌して三礼する。参拝者が多い場合は左右の脇で行うこと。

札所を重ねるごとに自然と身につく参拝作法

参拝の手順は、各札所とも共通。最初はぎこちなかった作法も、札所を重ねるごとに身についてきて、それにつれて本尊や弘法大師への感謝の気持ちが強く芽生えてくるはずだ。そのためには最初に基本的な参拝方法を知っておきたい。

札所に到着したら山門前で合掌し、一礼してから境内に入る。自動車で巡礼する場合、駐車場などの位置によっては山門を通らずに直接境内に入れる札所もあるが、可能な限り定められた順路を守りたい。また、境内に入ったら大声で話したり騒いだりせず、他人の邪魔にならないようにしよう。

手水場で手と口をすすいで身を清め、鐘を撞いてから本堂、大師堂の順で参拝する。本堂と大師堂では、まずロウ

3

鐘を撞く

仏様に到着を知らせる合図のために1回撞く。参拝後に撞くのは縁起が悪いとされているので注意。

4

ロウソクと線香をあげる

ロウソクは仏様の知恵を、線香は徳をいただくためのもの。もらい火はせずに種火か持参のライター等を使うこと。

5

納め札を納める

あらかじめ住所や氏名、年齢を記入した納め札をお堂の前にある納札箱に入れる。余白に願い事を書いてもいい。

8

納経帳に朱印をいただく

本堂に続いて大師堂でも同じ手順で参拝を終えたら納経所へ。納経の証として墨書と朱印をいただく。

9

御影をいただく

納経帳に墨書と朱印をいただいたら、各札所の本尊をうつした御影を1枚いただく。

10

山門を出る時も一礼

すべての参拝を終えたら、仏様に別れの挨拶を。道中の無事をお願いして、次の札所へ向かおう。

ソクと線香をお供えし、納め札を納札箱に奉納。この納め札は巡拝の回数によって色が違っており、1～4回が白、5～7回が青（緑）、8～24回が赤、25回以上は銀、50回以上は金、100回以上は錦になる。

参拝を終えたら納経所で納経料を納める。納経帳300円、掛け軸500円、白衣200円と決まっている。

混み合うシーズンは…

時間がかかっても心に余裕を

寒くも暑くもない春秋がお遍路のシーズン。境内や本堂は白装束のお遍路であふれ、読経の声も一段と大きく響く。団体バスで巡礼するお遍路も多く、特に混雑する納経所では墨書・朱印をいただくのに時間がかかる。余裕を持って行動したい。

読経の作法

まちがいを恐れず心をこめて

お経は節をつけずに唱えるのが基本。正式な読経は①開経偈《かいきょうげ》に始まり、②懺《ざん》悔文《げもん》、③三帰《さんき》、④三竟《さんきょう》、⑤十善戒、⑥発菩提心真言《ほつぼだいしんしんごん》、⑦三摩耶戒《さんまやかい》真言、⑧般《はん》若心経《にゃしんぎょう》、⑨御本尊真言、⑩光明真言、⑪大師御宝号《だいしごほうごう》、⑫回向文《えこうもん》とそれぞれ定められた回数を唱えて奉納する。

経本には読みやすいように振り仮名がされているので、慣れるまではあせらずゆっくり、一語一語を丁寧に読んでいこう。団体お遍路の場合は、先達さん（巡拝の案内役）が読経をリードしてくれるので、その輪に加わって経本を見ながら読経するのもいい。

本堂

❶合掌礼拝

数珠を片手にかけて、合掌し三礼。「うやうやしく御仏を礼拝したてまつる」と唱える。

❷開経偈　1回

今ここで仏様の教えに出会えたことを喜び、導きに従うことを誓います、という意味。

無上甚深微妙法百千万劫難遭遇
我今見聞得受持願解如来真実義

❸般若心経　1回

仏教の教えの真髄を262文字に集約したお経。「般若」は知恵を意味し、この世のすべては常に変化するものであり、何事にもこだわらない心で、悟りの境地へいたる知恵を説く。

❹御本尊真言　3回

各札所のご本尊を讃えるサンスクリット語の呪文。ご本尊によって異なる。

「おん　ころころ　せんだり　まとうぎ　そわか」（薬師如来）

❺光明真言　3回

知恵と慈悲の光明を与えてください、の意味。唱えるとすべての罪業が消えるとされるありがたいお経。

「おん　あぼきゃ　べいろしゃのう　まかぼだら　まにはんどま　じんばら　はらばりたや　うん」

❻大師御宝号　3回

弘法大師に帰依します、という意味。

南無大師遍照金剛我今見聞得

❼回向文

私も他の人とともに、仏道成就を願います、という意味。

「願わくは此の功徳を以って、あまねく一切に及ぼし、我と衆生と、皆共に仏道を成ぜんことを」

❽合掌三礼

数珠をすり、合掌しながら礼を述べ、3回礼をする。

大師堂

「御本尊真言」を抜かし、本堂と同じ読経、礼拝を繰り返す。本堂から大師堂へお参りするのが基本だが、混んでいる場合は先に大師堂からお参りしてもいい。

1 合掌の姿

背筋を伸ばし、リラックスした状態で胸の前で手を合わせる。手の高さは顔を真正面に向けて視線を下げ、指先が少し見えるくらいが望ましい。

2 合掌の方法

2種類の方法があり、どちらでお参りしてもいい。指を伸ばし、手の平を合わせるのが虚心合掌、右手を上にし、指を交互に重ね合わせるのが金剛合掌。

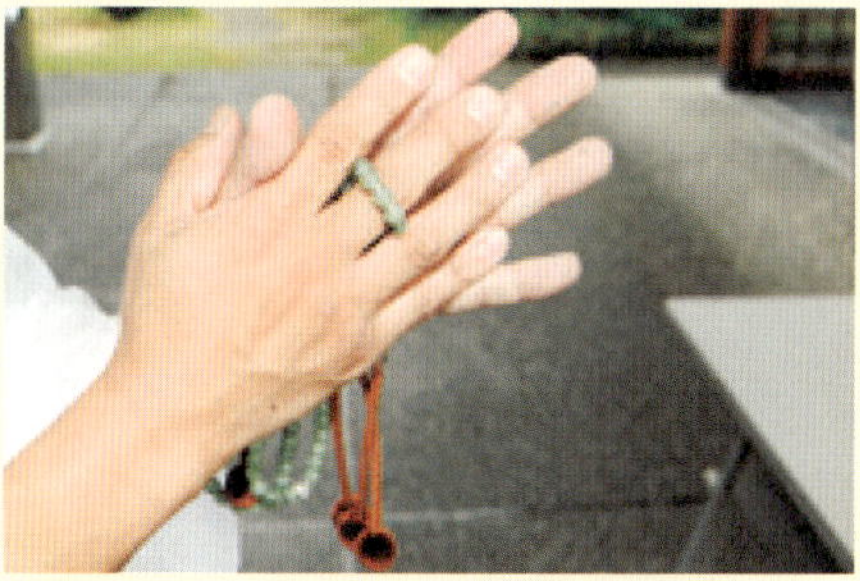

3 数珠のすり方

親玉（白い玉）を右手中指にかけ、左手の人差し指に反対側の茶色玉をかける。そのまま手を合わせて3回すり、左手を手前に引いてすり終える。煩悩をすりつぶすとされる。

4 納経

納経した証として納経所で墨書と朱印、御本尊の御影をいただく。納経料は納経帳300円、白衣200円、掛け軸500円。納経所は原則として7時から17時まで開いている。

納経・写経の作法

お経を奉納した証としていただく墨書と朱印は、記念であると同時に一生のお守りになる。

「経」を奉納した証になる墨書と朱印

読経を終えたら、納経所で持参の納経帳に墨書で「本尊名」「寺名」、そして札所番号・宝印・寺印の朱印をいただく。この一連の所作を「納経」と呼ぶ。シーズンによっては団体のお遍路さんで納経所が混み合い、納経をいただくまでにかなり待たなくてはならない場合もあるが、だからといって参拝前に朱印をもらったり、列に割り込んだりするのは本末転倒だ。これも修行と考えて、静かに順番を待とう。

なお、納経料は1ヶ寺につき納経帳３００円、白衣２００円、掛け軸５００円。各札所の納経時間は7～17時。

●納経帳

各札所で墨書と朱印をいただくための綴本。弘法大師のご縁で巡拝結願できた記録として大切に保管し、自身が来世の旅路に持参するためのもの。

●墨書と朱印

本尊名、寺名を墨書し、その上に宝印や寺印の朱印が押される。納経帳によっては札所の写真や墨画入りのものも。

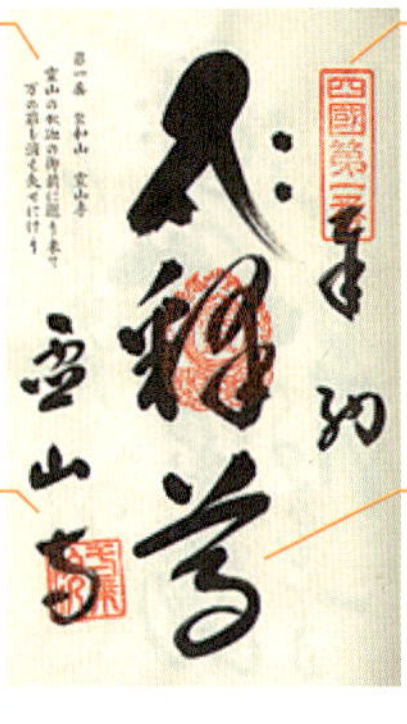

札所番号
「四国第●番」の朱印。重ねてご本尊を表わす梵字が墨書される

寺名と御詠歌
これはもともと納経帳に記されているもの。イラストや写真が入る場合もある

本尊名
その札所のご本尊の名前。「釈迦尊」や「千手観音」、「大日如来」など札所によりいろいろ

寺名
札所の名前を墨書し、その上に寺印が朱印される

御影（御姿）

各札所のご本尊を写した御姿。いつもご本尊が身近にいらっしゃることを表わし、納経帳とともに大切に保管する。

1番霊山寺の釈迦如来

2番極楽寺の阿弥陀如来

3番金泉寺の釈迦如来

4番大日寺の大日如来

5番地蔵寺の勝軍地蔵菩薩

御影帳
本尊を写した御影を保管するための綴本。こちらも写真付きなどさまざまなタイプがある

写経を奉納するのが本来の納経の姿

写経は仏の教えを書き写す修行の一つで、四国遍路では般若心経を写す。本来、納経とはお遍路が納めた写経を受け取ったという意味で発行される札所の証明書だが、現代では写経の代わりに読経をして礼拝の証にするのが一般的だ。とはいえ、やはり写経を納めるのが正式の参拝。知人から託された写経を代表して奉納する場合もある。

「般若心経」を1文字1文字心を込めて写すのが写経。上手下手ではなく、書くという行為が大切

歩き方の基本

先を急がず一定のペースで

「歩き遍路」の場合、大抵の人が今まで経験したことのない長距離を歩くことになる。足腰への負担を少なくし、疲労を翌日に残さない上手な歩き方は必須条件だ。先を急がず自分のペースで歩くことはもちろん、石段や坂道でもゆっくり一定のペースで歩くのがバテないコツ。第3の足になってくれる金剛杖も有効に使おう。

1時間に1回、約10分程度の休憩を取るように心がけたい

般若心経の意味

佛説《ぶっせつ》摩訶《まか》般若《はんにゃ》波羅蜜多《はらみった》心経《しんぎょう》
観自在《かんじざい》菩薩《ぼさつ》　行深《ぎょうじん》般若《はんにゃ》波羅蜜多《はらみった》時《じ》
照見《しょうけん》五蘊《ごうん》皆空《かいくう》　度《ど》一切《いっさい》苦厄《くやく》
舎利子《しゃりし》　色不異空《しきふいくう》　空不異色《くうふいしき》　色即是空《しきそくぜくう》
空即是色《くうそくぜしき》　受想行識《じゅそうぎょうしき》　亦復如是《やくぶにょぜ》
舎利子《しゃりし》　是諸法空相《ぜしょほうくうそう》　不生不滅《ふしょうふめつ》
不垢不浄《ふくふじょう》　不増不減《ふぞうふげん》
是故空中無色《ぜこくうちゅうむしき》　無受想行識《むじゅそうぎょうしき》　無眼耳鼻舌身意《むげんにびぜっしんに》
無色声香味触法《むしきしょうこうみそくほう》　無眼界《むげんかい》　乃至無意識界《ないしむいしきかい》
無無明《むむみょう》　亦無無明尽《やくむむみょうじん》　乃至無老死《ないしむろうし》　亦無老死尽《やくむろうしじん》
無苦集滅道《むくしゅうめつどう》　無智亦無得《むちやくむとく》　以無所得故《いむしょとくこ》
菩提薩埵《ぼだいさった》　依般若波羅蜜多故《えはんにゃはらみったこ》
心無罣礙《しんむけいげ》　無罣礙故《むけいげこ》　無有恐怖《むうくふ》
遠離一切顛倒夢想《おんりいっさいてんどうむそう》　究竟涅槃《くきょうねはん》
三世諸佛《さんぜしょぶつ》　依般若波羅蜜多故《えはんにゃはらみったこ》
得阿耨多羅三藐三菩提《とくあのくたらさんみゃくさんぼだい》
故知般若波羅蜜多《こちはんにゃはらみった》　是大神呪《ぜだいじんしゅ》　是大明呪《ぜだいみょうしゅ》
是無上呪《ぜむじょうしゅ》　是無等等呪《ぜむとうどうしゅ》　能除一切苦《のうじょいっさいく》　真実不虚《しんじつふこ》
故説般若波羅蜜多呪《こせつはんにゃはらみったしゅ》　即説呪曰《そくせつしゅわつ》
羯諦《ぎゃて》　羯諦《ぎゃて》　波羅羯諦《はらぎゃて》　波羅僧羯諦《はらそうぎゃて》
菩提薩婆訶《ぼじそわか》
般若心経《はんにゃしんぎょう》

物事をありのままに見る智慧を説く

正式には『般若波羅蜜多心経』または『摩訶般若波羅蜜多経』といい、大乗仏典の経典である大般若経600巻からその真髄を262文字にまとめたもので、仏教の核心部分を表現している。

般若とは古代インドのサンスクリット語バンニャー（智恵）を音として写したもの。波羅蜜多とはバーラム（彼岸）とイター（渡る）を合わせたもので、それまで小乗仏教が説いてきた苦行による煩悩克服の教えに対し、智慧を持って彼岸を渡る、すなわち悟りを開くことを説いている。

ここでいう智慧とは真理の教え（ありのままの姿をありのままに見る）のことで、仏教の根本教理であるところの諸行無常（あらゆるものは移り変わる）・諸法無我（あらゆるものは実体がない）・涅槃寂静（心の安らぎこそ真の幸福である）を理解することが大切だとしている。

金品や名誉など俗世間でもっとも大切と思われているものはすべて無常で実体のない「空」であることを知り、失われることのない「心の安らぎ」に最高の価値を見出すことと悟りに至ることと説く。

第二章 四国遍路の準備

体力や移動手段に合わせて、自分のスタイルで始められる四国遍路。予算や日程、プランニングの実例など、出発前にチェックしておきたい項目を詳しくガイド。

遍路のプランニング

総距離1450㎞にも及ぶお遍路の旅。歩いて巡るか、車を使うか、巡拝の方法はさまざま。自分に合ったプランニングの選択が重要だ。

予算や体力に合った巡拝手段を選ぶ

車やバス・タクシー、自転車にバイクなど四国八十八ヶ所を巡る手段はさまざまだ。厳しい修行なので歩くことこそお遍路だと考える人も少なくないが、四国遍路は地位や財産、性別も関係のない信仰の旅。車を使って短期間で巡ろうと、歩き遍路の途中でバスや電車を使おうと、仏の前では誰もが平等な巡礼者である。

巡拝手段は、予算と日程、そして体力を考えてプランニングするのが大切。一度にすべてを巡らなくても数回に分けて巡る、部分的に巡るなど、個々の事情を考慮した方法を選択しよう。

1 遍路のベストシーズン

雨が多い梅雨時や日差しの強い夏、防寒着などで荷物が増える冬は、お遍路には向かない季節といえる。ベストシーズンは春と秋。

ただし、春と秋はお遍路が多くなり、宿がとりにくい時期でもある。各札所の納経所も混雑し、団体さんと居合わせると朱印をいただくのに1時間以上待たなくてはならないことも。余裕を持ったスケジュールで行動したい。

2 日程とプラン

健康な人が1日で歩ける距離は、平地で約30㎞。88ヶ寺を歩いて巡った場合、険しい山道も多いので45〜50日かかることになる。1回で1県の札所を巡る「一国参り」なら最短でも10日前後見ておく必要がある。

車を使って札所のお参りだけに集中した場合、1日150㎞走行として10〜12日間が目安。札所の中には場所がわかりづらいところもあるので、カーナビがあるか、ないかでも多少日程が変わってくる。

無理のないプラン作りを。美しい自然を愛でられ、地元の人との会話が楽しい歩き遍路も増えている

3 費用は？

手段と日程が決まったら、おおよその費用を算出してみよう。東京から飛行機で四国へ入り、レンタカーで88ヶ寺を巡った例が左表。往復航空運賃と1泊分の宿泊代、レンタカーがセットになった旅行代理店のパックツアーがベースになっている。飛行機代が正規運賃よりも格安になるパックツアーは利用価値大だ。ただし、滞在できる日数に制限があるので注意したい。

歩き遍路の場合、宿泊代がもっとも大きなウェイトを占める。比較的安く済む宿坊や民宿でも1泊６０００円前後の予算を見ておくのが無難。

料金表

車遍路（12日間）の費用（例）

◎ツアー代金（航空運賃＋レンタカー＋1泊） 羽田－徳島往復航空運賃＋レンタカー（12日間4万8000円）＋宿泊1泊　※旅行代理店のプランを利用	81,500円
◎宿泊代（10泊。6000円×10日間）	60,000円
◎食事代（12日間。1日2000円×12日）	24,000円
◎燃料代（燃費10km／ℓとして走行1450km）	約20,000円
◎遍路用品・納経料	
遍路用品	約16,000円
納経料（300円×88寺）	26,400円
◎雑費	約20,000円
合計約	250,000円

※費用は一例であり、シーズン、滞在日数、宿泊先などによって変動します。

4 宿泊について

お遍路が泊まる遍路宿は旅館やホテル、民宿、宿坊、国民宿舎などいろいろ。どこを利用するにしても、あまりケチらずそれなりの宿を選ぶのが疲労をためないコツだ。

宿坊とは…

寺に併設されたお遍路用の宿泊施設。朝の勤行に参加できるところもあり、遍路旅を実感したい人におすすめ。1泊2食付きで６５００円前後が中心。

宿坊は貴重な情報交換の場。空いていれば当日予約もできるが、なるべく早めに予約したい

5「お遍路さん」としての心がけ

お遍路は修行の旅。仏教の教えにある10の善行「十善戒」（P23参照）を心に留め、困難に遭っても修行の一つと受け止めながら、巡礼をしていきたい。ゴミが落ちていたら拾う、困っている人を見かけたら手を差し伸べるといった心がけを持って歩こう。

道中のマナー

忘れがちなのは金剛杖の扱い。橋の下で休んでいる弘法大師を妨げないよう、橋の上ではつかない、宿では先に金剛杖を洗って休ませるなど、大切に扱うことが肝心。また、土地の人には挨拶をし、お接待を受けたら礼をいい、納め札をお返しとして渡す。

同行二人の心

四国の道は弘法大師の加護を受けて歩む「同行二人」の道。先に述べた「十善戒」や、遍路修行の心がけを説いた「四国遍路の三信条」（P22参照）、誰でもすぐに実践できる「無財七施の修行」（同）の心を持って、道中修行することに本来の意義がある。

早発ち早入り

朝の出発はできるだけ早く、自分のペースを保ちつつ時間配分に気をつけて歩くのが大事。各札所の納経時間は7〜17時だが、季節によっては早く閉まることもある。遍路道には険しい山道や人気《ひとけ》のないところも多いので、宿には日没前に到着すること。

道標をチェック

お遍路の基本ルートには「へんろみち保存協力会」の手によって看板やシールなどの道標が設置されている。分岐点では道標がないか、見回してから先へ進もう。30分以上道標と会わなければ道を間違えたと考えていい。

事前の準備

石段や坂道を上ることが多いお遍路旅では事前に足腰を鍛えておくことが大切。なるべく階段を使い、車に乗らないなど、日常生活から注意したい。また、使用する靴や靴下は2週間前くらいから履き慣らしておくこと。春や秋なら宿の予約も必要になる。

遍路旅のバイブル的な一冊

歩き遍路必携のノウハウ本

歩き遍路の基礎知識や作法、持ち物や歩き方を詳しく解説。別冊には約797軒の宿泊施設の情報や地図を掲載している。

「へんろみち保存協力会」の発行で、歩き遍路のバイブル的存在。地図編2500円、解説編1000円がある。（http://www.iyohenro.jp）を確認のうえ郵便振替、一部札所、遍路用品店などで購入を。

四国遍路のプランニング例

1年前 ↓

●主治医に遍路旅に出ることを相談して健康上のアドバイスをもらう。

半年前 ↓

●靴や靴下など足回りの用具はこの時期にそろえたい。勾配を含んだコースを一定のペースで歩く練習をする。
●疲労回復の方法やテーピング方法などをマスターしておく。
●春や秋にお遍路する場合は、3ヶ月〜半年前には宿の予約を。

まずは手段・日数を決定 プラン作りは念入りに

歩き遍路だと40 〜 50日、車遍路でも2週間近くかかる長丁場だけに、その準備には細心の注意を払いたい。まずは手段と日数を決めることから、すべては始まる。特に歩き遍路で通し打ちするような場合は、1年前から準備を始めたい。

1ヶ月前 ↓

●この時期になると、かなり具体的に日程が煮詰まっているはず。遠方から四国へ入る場合はツアー予約や航空券、レンタカーの手配も早めに行なう。

前日まで

●常備薬や使い捨てコンタクトレンズなどは日数分を準備。保険証や免許証など身分証明書も忘れずに用意。
●新聞の配達を止めておくこと、いざという時のために近所の人や親戚に遍路旅に出ることを告げておくことも必要だ。
●出発前夜の天気予報をチェック。雨天の場合は雨具を取り出しやすい場所に用意しておくこと。

当日 (1日目)

●初日は平坦な道で足慣らししながら7番十楽寺くらいまでにしておきたい。
●車遍路の場合は11番くらいまでが目安。都市部とは違い、細い道や山道も多いので、慎重な運転を心がける。

2日目〜最終日

●札所を重ねるにつれて遍路姿も様になり、読経の声も出るようになる。
●10日以上の歩き遍路の場合、途中で歩かない日や歩行距離が半分くらいの日を設けておくといい。修行の旅とはいえ、常に健康に留意して、マイペースで巡礼しよう。

現地での移動

宿の手配から食事場所までセットになったバスツアーや、運転手さんがガイドもしてくれるタクシーまで、四国遍路の手段はさまざま。自分なりの方法を選ぼう。

タクシー

四国のタクシー会社には巡拝ツアーを行っているところも多い。4～5人乗りの普通車から9人乗りのジャンボタクシーまであり、人数に合わせて利用できる。

乗務員がガイド役も

きめ細かいサービスがタクシー遍路の魅力。経験豊富な乗務員ならではの解説や情報を聞くことができる。参拝している間にご朱印をいただいておいてくれることも。

4～5人でのシェアを

4人乗りの小型車を貸切した場合、1日3万円前後が目安。これに駐車場料金や乗務員を含めた宿泊代や食事代などがかかる。4人なら1人あたり1日1～2万円。

バスが入れない道でもタクシーなら門前まで連れて行ってくれる。四国霊場会公認先達の資格を持つ個人タクシーも多い

車

マイカーやレンタカーを使っての巡礼は、途中で観光を組み入れたり、別格霊場に寄ったりと、移動の手軽さが魅力。カーナビは必須アイテムだ。

1日の移動距離を決める

同乗する人数にもよるが、1日の移動距離は150km以内にしたい。慣れない細道や山道も多く、意外に神経が疲れるものだ。休憩の時間もたっぷりとろう。

レンタカーは小型車を

広い駐車場を完備している札所が多いが、中には車1台がやっと通れるような細い山道もある。小回りがきく小型車なら燃費もよく、細い道でも安心だ。

好みに合わせて自由自在にプランを組めるのが車遍路の魅力。とはいえ、慣れない土地での運転には細心の注意が必要だ

人数や予算、好みで選べるツアーが人気

一気に88ヶ寺を巡る通し打ち、各県ごとに巡る一国参りのほか、日帰り、週末利用など四国遍路の巡り方は実にさまざま。最近は宿から食事まですべてセットになった巡拝バスツアーも人気が高い。また、団体行動に抵抗がある人や、体の不自由な人、高齢者には巡拝タクシーが好評だ。気の置けない仲間が集まれば、予算的にもさほど高くはつかない。車の運転に自信のある人はレンタカーもおすすめ。一切、観光をしないで参拝だけに集中すれば、12日ほどで結願することができる。第四章のインフォメーションを参照。

バス

乗ってしまえば現地まで運んでくれ、すべておまかせできるのがバス遍路。宿泊や食事の手配もすべてセットになった巡拝ツアーなら、初心者でも気軽に参加できる。

手軽に遍路を始めるなら

安くて手軽に参加できるとあって人気が高いバスツアー。東京・名古屋・大阪発や、四国の主要都市発などどこからでも参加できるのも魅力だ。四国遍路に精通した先達がガイドを務めるものもあり、お遍路入門には最適だ。

予算と目的でツアーを選ぶ

1万円で参加できる日帰りや、10泊以上の通し打ち（約20万円）、2泊3日で巡る一国参り（約5万円）など、バラエティ豊かなツアーがそろう。結願したのちに高野山ツアーに参加するなど、予算と目的に合わせて利用できる。

低予算な上に身軽に参加できるバスツアー。遍路仲間がすぐにできるのもバスならでは。ただし、駐車場から札所までは徒歩なので、装備は必須

現地発バスツアー

徳島発着

徳バス観光サービス

0120-488-320

10泊11日で88ヶ所を巡る全周ツアー（15万8000円）から、数ヶ寺だけ訪ねる日帰り（6500円）、1泊2日（2万3000円前後）まで多数コースを用意。お遍路まいりは１番札所の徳島から。

高知発着

高知県交通トラベル

☎088-845-5200

高知市、土佐市、南国市から発着。日帰り全15回で巡るツアー（各7000円～）は真言宗寺院の僧侶が同行するものと、四国霊場会公認の先達が同行するものがある。

松山発着

いよてつ順拝センター

☎089-948-3114

12泊13日で88ヶ所と高野山を訪ねる巡拝ツアー（21万8000円）は3～11月まで計画。2泊3日全4回の一国参りツアーは各回5万円。日帰りや高野山ツアーも用意している。

高松発着

旅ネット四国

☎087-812-1188

高松を発着する「バス遍路」・「乗り合いタクシー遍路」など各種ツアーを実施。「バス遍路」8泊9日で88ヶ所を巡る一周めぐり（19万8000円）や、土日主体の日帰りや一泊ツアーもある。

電車の移動は…

旅情が楽しめる電車旅

四国の自然を肌で感じ、人の温かさに触れるなら、なんといっても歩き遍路がいい。とはいえ、40日以上に及ぶ旅をすべて歩き通すにはかなりの体力・気力を要するのも事実。時には鉄道やバスなど公共交通機関を利用して、無理なく巡りたい。四国には1～2時間に1本というローカル路線が多いので、携帯型の時刻表を持参しよう。

徳島市内から海部まで走るJR牟岐線。本数に注意して利用を

弘法大師の足跡

若き日の空海が山野をわたって修行に励んだ四国の道。その足跡をたどる旅こそ、お遍路の目的である。今も語り継がれている空海の伝説や史跡を紹介。

71番

弥谷寺《いやだにじ》（香川県／→P115）

真魚少年が勉学に励んだ

標高382mの弥谷山の中腹に建ち、古くから死者の魂が帰る霊山として信仰された古刹。獅子の岩屋と呼ばれる岩窟は、少年時代の空海が読書や勉強をした場所と伝わり、今も大師像がまつられている。

370段もの石段を上ったところに本堂・大師堂が建つ。荒々しい岩に囲まれた霊場だ

75番

善通寺《ぜんつうじ》（香川県／→P118）

弘法大師誕生の聖地

父・佐伯氏の屋敷があった場所で、空海はこの地で産声を上げた。誕生院とも呼ばれる西院の御影堂（大師堂）が誕生所とされている。弘法大師三大霊跡として参拝客が絶えない。

73番

出釈迦寺《しゅっしゃかじ》（香川県／→P116）

仏の道を志した捨身の山

空海7歳の時、断崖から身を投げて仏門への道を志した伝説（P116参照）の地。寺から山道を上った奥の院から、さらに岩場を登り詰めた行場跡に稚児大師の像が立っている。

御厨人窟《みくろど》（高知県）

空海の名の由来となった

24番最御崎寺（P74）に近い室戸岬の海岸沿いにある霊窟。若き空海が修行し、ここで求聞持法を成就して悟りを開いたといわれている。空と海しか見えない洞窟で「空海」の名を悟った。

空海が寝食した御厨人窟と修行した神明窟の2つの洞窟がある。近くには凛々しい表情の青年大師像も立つ

西日本の最高峰・石鎚山の北側中腹に建つ横峰寺は、標高700mの霊場。杉の老樹に覆われた境内は深閑として、行場の趣が残る

60番

横峰寺《よこみねじ》（愛媛県／→P104）

空海が星供養を修行した星ヶ森

寺から500mほど上った星ヶ森は、正面に石鎚山を望む西の遥拝所。42歳の空海はこの地で厄除けの星供養を行い、さらに石鎚山に上って21日間の修行をしたと伝わっている。

51番

石手寺《いしてじ》（愛媛県／→P96）

境内の入口にある「渡らずの橋」は空海が開いたといわれ、渡ると足が腐ると伝わる。その横には衛門三郎の像と玉石もある

遍路の開祖・衛門三郎の伝説

四国遍路の開祖といわれる衛門三郎の伝説（P20）で知られる古刹。「衛門三郎再来」の石を納めたことから石手寺という名前になった。石は寺宝として大講堂にまつられている。

今も大師の面影が色濃く残る遍路道

空海は宝亀5（774）年、讃岐国多度郡（今の香川県善通寺市善通寺）に生まれた。幼名は真魚。15歳の時に漢学を学び、18歳で都に出て大学寮に入るが、のちに退学。私度僧（未公認の僧）となり、近畿や四国の山林を巡り、自然と一体になって修行する日々を送る。

延暦23（804）年、31歳の空海は遣唐使とともに唐へ留学。長安で高僧恵果《けいか》阿闍梨《あじゃり》から密教の奥義を伝授され、この時「遍照金剛」の灌頂《かんじょう》名を授かった。

2年後に経典を携えて帰朝。のちに真言宗を開き、時の天皇より高野山、東寺（京都）を賜る。「我永く山に帰らん」という言葉を残し、高野山の窟院にこもって即身成仏を果たしたのは62歳。その魂と教えは色あせることなく、今も四国の霊場を守り続けている。

四国八十八ヶ所の仏様

四国全土に点在する札所では、さまざまな御本尊が本堂にまつられ、迎えてくれる。静かに対峙してゆっくり対話をしてみたい。

心静かに手を合わせたい 各札所の御本尊

四国八十八ヶ所の札所には、弘法大師が開いた真言宗をはじめ、天台宗や臨済宗、曹洞宗、時宗など、さまざまな宗派の寺がある。その宗派にとらわれず、信仰の対象となる御本尊にはいろいろな種類の仏がまつられている。特に多いのが、人々を病から救ってくれる薬師如来、無数の手で苦難を取り除いてくれる千手観音など。多くの札所では御本尊は秘仏とされ、そのお姿を拝むことはなかなかできないが、本堂に額《ぬか》ずいて静かに手を合わせれば、きっと御本尊に祈りが通じ、おのずと自分自身と対峙できるだろう。

仏像の名称と役割

1 如来

悟りを開いた釈尊がモデル

出家後の釈尊をモデルにした仏像。三十二相八十種好を備え、衣1枚だけを身にまとって装飾品や宝冠などは身に付けない（大日如来は別）。

2 菩薩

修行に勤しむ如来の前身

悟りを開くために修行し、やがて如来になる者の姿。観世音菩薩、弥勒菩薩、文殊菩薩などがある。地蔵菩薩だけがお坊さんの姿をしている。

3 明王

人々の苦難を取り除く

恐ろしい顔と猛々しい姿の仏像が多いが、これは人々を苦難から救おうとする必死の姿を表現している。不動明王、愛染明王などが有名。

4 天（天部）

勇ましい姿で御本尊を守る

甲や鎧を身につけて如来や菩薩を守る仏像。御本尊の四方を守る四天王が有名。山門に立つ仁王や薬師如来を守る十二神将などがある。

御本尊

仏によって異なる姿や役割を学ぶ

八十八ヶ所の札所には大きく分けて15種類の仏様が御本尊としてまつられていて、参拝の折にはその御本尊を讃える御真言を本堂の前で唱えるのが決まりになっている。その言葉自体に力が宿っているといわれる御真言は、古代インドのサンスクリット語（梵語）をそのまま音写したもの。冒頭の「おん」、末尾の「そわか」は聖語。それぞれの御本尊の御真言は各寺の項を参照。ここでは代表的な仏を紹介する。

御朱印とともにいただける御影には各札所の御本尊が描かれている

薬師如来

片手に薬壺を持ち、さまざまな病苦を治してくれる現世利益を代表する仏で、十二神将に守られている。四国霊場ではもっとも多い御本尊。

阿弥陀如来

西方の極楽浄土に住み、信者を温かく導いてくれる。如来の印相は根本五印と呼ばれる。上記の形は阿弥陀定印。

大日如来

命と光を象徴する仏。密教における最高の存在に位置づけられ、宝冠をかぶり、瓔珞（ようらく）をつけるなど、菩薩の姿をしている。

釈迦如来

初めて仏教を説いた歴史上の釈尊をモデルにした仏。1枚の衣だけを身にまとった姿は、苦行の末に悟りを開いたことを表現している。

地蔵菩薩

地下の地獄で苦しむ人々を助け、幸せを与える仏。特に子供を守護する仏として、庶民信仰の対象になってきた。

聖観世音菩薩

世間のさまざまな声を聞き、人々をさまざまな厄難から救うとされる仏。御真言の「あろりきゃ」は観音を示す言葉。

虚空蔵菩薩

虚空のように大きな功徳を持ち、衆生を幸福に導く仏。左手に如意宝珠、右手には剣を持っている姿が一般的。

十一面観音

頭部に表情の異なる11の顔を持つ変化観音で、あらゆる人々を救おうとする心を表わす。奈良時代から厚く信仰されている。

馬頭観音

汚水を飲み、草を食べ尽くす馬のように、煩悩や厄難を消すといわれる。四国霊場では70番本山寺のみにまつられている。

千手観音

正式には「千手千眼観世音菩薩」といい、千の手（実際は42本）には人々を見守るため眼がついている。慈悲の大きさは無限大。

毘沙門天

63番吉祥寺のみにまつられている。四天王のうち北方を守る仏で、多聞天とも呼ばれる。財宝をもたらすとして七福神にも数えられる。

文殊菩薩

中国の五台山に住み、諸仏の知恵をつかさどる仏で、昔から学業上達を祈る人たちに信仰が厚い。獅子にのる姿で知られる。

大通智勝如来

「法華経」に説かれる過去七仏（釈迦が世に現れる前の仏）の一つで、四国霊場で御本尊にまつるのは55番南光坊のみ。

弥勒菩薩

四国霊場では唯一14番常楽寺のみにまつられている。未来に現れて、広く衆生を救済する仏。菩薩の中では最も古いといわれる。

心を込めて参拝し、納経しよう。秘仏になっていて対面できない御本尊も多いので注意（写真は17番井戸寺）

不動明王

炎を背負い、右手に剣、左手に羂索（けんじゃく）を持つ姿でおなじみ。恐ろしい形相は、思いやりの心で叱り、正しい道に人々を導く姿を表わす。

お接待の精神

旅の疲れを癒す施しの心

一般的に接待というと、人をもてなすという意味で使われる。四国遍路ではお遍路さんに食べ物や飲み物、時には金銭などを施す時に使われ、四国ならではの温かい風習として今に伝えられている。これは遍路旅に出られない自分の代わりにお参りしてほしい、という気持ちの表われ。そうすることで、お接待する側も功徳を得られるといわれている。

長い道のりを歩くお遍路にとって、お接待は実に心強く、温かい風習だ。いただく食べ物や金銭よりも、土地の人との出会いや会話を通して「生かされている」ことを実感できるのがうれしい

マナーを守ってありがたくいただく

お接待の内容や形は実にさまざまである。遍路道や霊場の入口に休憩所を設置したり、みかんやお菓子を手渡したり。タオルの生産が盛んな今治ではハンドタオルを、香川では讃岐うどんをいただくなど、土地柄が反映されることも多い。お接待を受けた場合はありがたく受け、合掌して「南無大師遍照金剛」と3回唱え、納め札を手渡すのがマナーだ。

第三章 四国八十八ヶ所札所

全長約１４５０㎞に及ぶ弘法大師の足跡をたどる心の旅。「同行二人」の精神を胸に、自分を見つめる旅に出かけよう。

第三章
四国八十八ヶ所 札所❶

阿波の札所

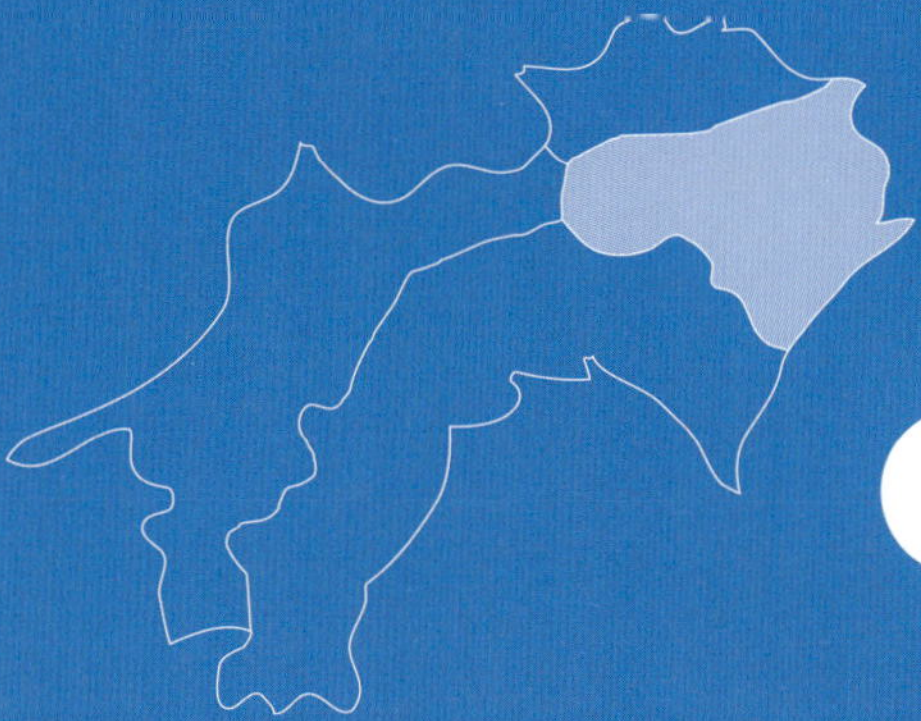

徳島県
—発心の道場—

第1番 霊山寺
〜
第23番 薬王寺

第1番

竺和山《じくわざん》
霊山寺《りょうぜんじ》

すべてはここから始まる1番さんと呼び親しまれる発願寺

天平年間（729〜749）に聖武天皇の勅願所として、行基によって開かれた古刹。弘仁6（815）年にここを訪れた弘法大師が21日間の修法をしている際、多くの菩薩が一人の老師を囲んで熱心に仏法を聞く姿を見た。その光景がインド（天竺）の霊山で説法する釈迦如来の姿に見えた弘法大師は、インドの霊山を和国（日本）に移すという意味で「竺和山霊山寺」と名付け、遍路道の第1番霊場に定めたといわれる。

↑弘法大師自刻の本尊を中心に、不動明王と毘沙門天が安置されている本堂

↗応永年間に建立された多宝塔　←お遍路に必要な道具は、ここで揃えることができる。また、本堂脇の売店で作法を教えてもらえる

「四国第一番霊場」と墨書された仁王門をくぐると左手に多宝塔、右手に泉水池、大師堂がある。本堂は参道の正面、石段を上がったところに建ち、無数の灯籠が灯された堂内は発願寺にふさわしい神秘的な趣。

↑鯉が泳ぐ泉水池と大師堂。各札所では必ず本堂と大師堂に参拝する

本尊▼釈迦如来
開基▼行基
宗派▼高野山真言宗
真言▼のうまく さんまんだ ぼだなん ばく

御詠歌▼霊山《りょうぜん》の釈迦《しゃか》のみ前《まえ》に巡《めぐ》り来て よろずの罪《つみ》も消《き》え失《う》せにけり

住所：鳴門市大麻町坂東塚鼻126
電話：088-689-1111
交通：JR高徳線板東駅下車、徒歩10分
宿坊：休止中

第2番

日照山《にっしょうざん》 極楽寺《ごくらくじ》

弘法大師様御手植の「長命杉」が見守る安産に霊験あらたかな寺

霊山寺から約1km離れたところに、朱塗りの壮麗な仁王門を構える広大な古刹。開基は霊山寺と同じ行基で、この地で21日間修法した弘法大師様が結願の日に現れた阿弥陀如来の姿を像に刻んで本尊に安置したといわれている。

境内に入ると、岩石と樹木を絶妙に配した美しい庭園が広がり、お遍路の目と心を楽しませてくれる。本堂と大師堂はこの庭園の横を通った先の小高い場所にあり、そこまでの石段にたたずむ苔むした石仏もいい風情だ。

弘法大師様御手植と伝わる樹齢1200年の長命杉、仏の足型を模した仏足石、元気な子供が産まれるように守って下さる安産大師様など、見どころが多い寺である。

↑広大な境内は仁王門から庭園、大師堂、本堂と奥へ奥へと続いている

←木々に囲まれてひっそりとたたずむ大師堂。静寂に包まれ、荘厳な雰囲気に浸れる

←本堂へ続く石段は44段。途中には石仏が点在し、霊場の雰囲気を盛り上げる。石段下には仏足石がある

↑その幹に触れると長寿にあやかれると信仰が厚い長命杉

本尊▼阿弥陀如来
開基▼行基
宗派▼高野山真言宗
真言▼おん あみりた ていせい からうん

御詠歌▼極楽《ごくらく》の弥陀《みだ》の浄土《じょうど》へ行《い》きたくば 南無阿弥陀仏《なむあみだぶつ》口《くち》ぐせにせよ

住所：鳴門市大麻町檜字段ノ上12
電話：088-689-1112
交通：JR高徳線板東駅から徒歩20分
宿坊：あり（6300円〜）

第3番

亀光山《きこうざん》 金泉寺《こんせんじ》

壮大な仁王門が迎える古刹 大師が掘りあてた「黄金の井戸」

聖武天皇の勅願で行基が創建。当初は金光明寺と称したが、弘法大師が黄金の霊水が湧く泉を発見したところから現在の寺名になった。観音堂の隣にあるのがその泉で、今もこんこんと水が湧いている。この井戸を覗き込んで自分の顔がはっきり映れば長寿、ぼやけて見えると短命という伝説がある。

本尊▼釈迦如来
開基▼行基
宗派▼高野山真言宗
真言▼のうまく さんまんだ ぼだなん ばく

御詠歌▼極楽《ごくらく》の宝《たから》の池《いけ》を思《おも》えただ 黄金《こがね》の泉《いずみ》澄《す》みたたえたる

↑屋島合戦に向かう源義経が戦勝祈願に立ち寄ったともいわれる　↙黄金の井戸は必見

住所：板野郡板野町大寺亀山下66
電話：088-672-1087
交通：JR高徳線板野駅下車、徒歩15分
宿坊：なし

第4番

黒巌山《こくがんざん》 大日寺《だいにちじ》

木々の緑に朱塗りの門が映える 山々に囲まれて静かにたたずむ寺

田畑が広がり、三方を山に囲まれた静かな環境に建つ。朱も鮮やかな鐘楼門をくぐると、石を敷き詰めた参道が本堂と大師堂へ導いてくれる。本尊は弘法大師が刻んだと伝わる一尺八寸（約55㎝）の大日如来像。江戸時代には阿波藩主蜂須賀家の守り本尊として信仰され、厚く庇護された。

本尊▼大日如来
開基▼弘法大師
宗派▼東寺真言宗
真言▼おん　あびらうんけん　ばざらだどばん

御詠歌▼眺《なが》むれば月白妙《つきしろたえ》の夜半《よは》なれや　ただ黒谷《くろたに》に墨染《すみぞめ》の袖《そで》

↑山寺の風情が漂うひなびた境内。参道を進んだ正面に本堂、右手に大師堂がある

←痛いところをさすると治ると伝わるびんづる尊者像。四国霊場には各所でまつられている

住所：板野郡板野町黒谷居内5
電話：088-672-1225
交通：JR高徳線板野駅から徒歩60分
宿坊：なし

第5番

無尽山《むじんざん》 地蔵寺《じぞうじ》

約200体の五百羅漢像が圧巻 大イチョウが茂る大寺

簡素な仁王門をくぐると、すぐ右手に大きな弘法大師像が立ち、樹齢800年といわれる大イチョウを中心に本堂や大師堂、不動堂、八角堂、女性の病を治癒してくれるという淡島堂などが広い境内に並び建っている。

ここは弘仁12（822）年に嵯峨天皇の勅命を受けた弘法大師が創建した古刹。本尊は甲冑を身に付け、馬にまたがった高さ一寸八分（約5㎝）ほどの勝軍地蔵菩薩で、戦国時代には多くの武将から信仰されたといわれている。

最大の見ものは、奥の院にまつられた五百羅漢像。約200体の羅漢はそれぞれにポーズや表情が異なり、参拝者と縁のあった故人の姿に会えるといわれている。

↑広大な境内に諸堂が並ぶ。本堂脇には商売繁盛に御利益のある恵比寿神もまつられている

←「たらちね銀杏」とも呼ばれている大イチョウは樹齢800年。黄葉の秋が美しい

←絶えず花が手向けられている弘法大師立像

↑奥の院（拝観200円）にまつられている等身大の羅漢像

本尊▼勝軍地蔵菩薩
開基▼弘法大師
宗派▼真言宗御室派
真言▼おん　かかかび　さんまえい　そわか

御詠歌▼六道《ろくどう》の能化《のうけ》の地蔵大菩薩《じぞうだいぼさつ》　導《みちび》さ給《たま》えこの世後《よのち》の世《よ》

住所：板野郡板野町羅漢林東5
電話：088-672-4111
交通：JR高徳線板野駅から鍛冶屋原車庫行きバス15分、羅漢下車、徒歩5分
宿坊：なし

第6番

温泉山《おんせんざん》
安楽寺《あんらくじ》

弘法大師を守った「さか松」と宿坊の温泉が楽しみ

山号からもわかる通り、かつてはここから少し離れた安楽寺谷にあり、万病に効くとされた天然温泉で知られた古刹だった。現在でも境内に四国霊場最大規模の宿坊があり、宿泊者は重曹泉の温泉を楽しむことができる。

広い境内では優美な姿の多宝塔とその足元に広がる庭園に目を奪われるが、ぜひ見ておきたいのが池のほとりにある「さか松」だ。

その昔、ここを訪れた42歳の弘法大師に、土地の猟師が間違えて矢を放ってしまった。その時に身代わりになって大師を助けたのがこの松といわれている。以来、松を拝むと厄除けに霊験あらたかといわれ、お遍路以外にも参拝者が絶えない。

↑鮮やかな色で飾られた多宝塔。寺の本尊は薬師如来で、1番から順打ちしていくと最初に会える薬師様になる

↑まるで竜宮城のような鐘楼門。左右の小堂に仁王門を安置するユニークな造り

←300人収容できる宿坊は温泉を楽しめるとあってお遍路から人気が高い。充実した食事にも定評がある

←年齢数だけ棒を持ち、般若心経を唱えながら願い事を唱える願い棒修行もこの寺ならでは

本尊▼薬師如来
開基▼弘法大師
宗派▼高野山真言宗
真言▼おん　ころころ　せんだり　まとうぎ　そわか

御詠歌▼仮《かり》の世《よ》に知行《ちぎょう》争《あらそ》ふむやくなり　安楽国《あんらくこく》の守護《しゅご》をのぞめよ

住所：板野郡上板町引野寺の西北8
電話：088-694-2046
交通：JR高徳線板野駅から鍛冶屋原車庫行きバス15分、東原下車、徒歩10分
宿坊：あり（6500円～、団体割引あり）

第7番

光明山《こうみょうざん》 十楽寺《じゅうらくじ》

十の光明が得られるとの願いから名付けられた田園の中の古刹

寺号の「十楽」とは、阿弥陀如来が住む極楽浄土で受けることのできる十の楽しみを意味する。生・老・病・死・別れなど人間が持って生まれた8つの苦しみを阿弥陀如来の慈悲によって克服し、光明に輝く楽しみを得られるように、との思いが込められている。

↑中国風の鐘楼門は十楽寺のシンボル。春は桜に彩られ、より華やかな姿を見せてくれる

赤と白が鮮やかな山門をくぐり、石段を上がったところが境内。正面に本堂、右手に客殿と方丈、宿坊があり、一段高みに大師堂がある。

大師堂に上がる石段手前の小さな祠《ほこら》には、古くから眼病に霊験があるといわれる治眼疾目救歳地蔵がまつられている。真っ赤なよだれ掛け姿が愛くるしく、参拝者の注目を集めている。

本尊▼阿弥陀如来
開基▼弘法大師
宗派▼高野山真言宗
真言▼おん　あみりた　ていせいから　うん

御詠歌▼人間《にんげん》の八苦《はっく》を早《はや》く離《はな》れなば　到《いた》らん方《かた》は九品十楽《くぼんじゅうらく》

↑本堂から石段を上がった高みに建つ大師堂。緑に包まれてひっそりと建っている

←眼病や盲目の人から信仰を集める治眼疾目救歳地蔵。眼病除けのお守りも販売している

←鐘楼門を入ってすぐ、境内へ続く坂道に沿って約70体の水子地蔵がまつられている

住所：阿波市土成町高尾法教田58
電話：088-695-2150
交通：JR高徳線板野駅から鍛冶屋原車庫行きバス15分、東原下車、徒歩10分
宿坊：あり（5500円～）

第8番

普明山《ふみょうざん》 熊谷寺《くまたにじ》

境内からは徳島平野を一望　歴史的建造物も多く残る大寺

初めて訪れた人は、田んぼの中に建つ巨大な仁王門にまず驚かされる。仁王門としては四国最大の規模で、その高さは13・2m。300年以上も風雪に耐えてきたその姿は、県指定有形文化財建造物となっている。

仁王門をくぐり、長い参道を歩いていくと山の中腹に本尊千手観音像を安置する本堂、さらに石段を上がったところに宝永4（1707）年再建の大師堂が建っている。

↑創建時の本堂は昭和2年に火災で本尊とともに焼失。現在の本堂は昭和15年に再建された

←灯明が灯る本堂内は神秘的な雰囲気が充満し、自然と身が引き締まる。本堂前の鐘楼も重厚

←安永3年（1774）建立の多宝塔。東西南北に四仏をまつるこの塔は、四国地方で最大最古のものといわれている

弘仁6（815）年、弘法大師が裏手の閼伽ヶ谷《あかがたに》で修行している時に熊野権現が出現。そこで授かった黄金の観音像を、自ら刻んだ千手観音の胎内に納め、堂宇を建立して熊谷寺を創建したと伝わっている。

本尊▼千手観世音菩薩
開基▼弘法大師
宗派▼高野山真言宗
真言▼おん　ばざら　たらま　きりく

御詠歌▼薪《たきぎ》とり水熊谷《みずくまたに》の寺《てら》に来《き》て　難行《なんぎょう》するも後《のち》の世《よ》のため

住所：阿波市土成町土成前田185
電話：088-695-2065
交通：JR徳島線鴨島駅からタクシーで20分
宿坊：なし

↑和様と唐様を折衷した建築様式の仁王門は貞享4（1687）年に建造

第9番

正覚山《しょうかくざん》 法輪寺《ほうりんじ》

四国霊場で唯一の涅槃釈迦像を本尊にまつる

当初は現在地から１kmほど離れた阿讃山に壮大な伽藍を誇っていたが、戦国時代に長宗我部軍の兵火に焼かれ、正保年間（１６４４〜４８）にこの場所に移された。八十八ヶ所で唯一、釈迦が入滅した時の姿を模した涅槃釈迦像を本尊としてまつり、５年に一度ご開帳される。

本尊▼涅槃釈迦如来　宗派▼高野山真言宗
開基▼弘法大師　真言▼のうまく　さんまんだ　ぼだなん　ばく

御詠歌▼大乗《だいじょう》のひほうもとがもひるがえし　天法輪《てんぽうりん》の縁《えん》とこそきけ

↑健脚祈願の寺としても知られ、本堂には奉納されたわらじがたくさん　↓わらじのお守りもある

住所：阿波市土成町土成田中198-2
電話：088-695-2080
交通：JR徳島線鴨島駅から市場行きバス9分、篠原地蔵前下車、徒歩30分
宿坊：なし

第10番

得度山《とくどざん》 切幡寺《きりはたじ》

豊臣秀頼ゆかりの大塔がシンボル 標高１５５ｍに建つ古刹

切幡山の中腹に堂塔を並べる古刹で、歩き遍路は山麓の石柱から境内まで急坂と３３３段の石段を上らなければならない。弘法大師に織り上げたばかりの反物を贈った機織の娘が、即身成仏して変身したという伝説の千手観音像をまつる。境内からはまわりの山々が美しく眺められ、心が癒される。

本尊▼千手観世音菩薩　宗派▼高野山真言宗
開基▼弘法大師　真言▼おん　ばざら　たらま　きりく

御詠歌▼欲心《よくしん》をただ一筋《ひとすじ》に切幡寺《きりはたじ》　後《のち》の世《よ》までの障《さわ》りとぞなる

↘塔は豊臣秀頼が大阪の住吉大社神宮寺に寄進したものを明治に移築した国指定重要文化財

住所：阿波市市場町切幡字観音129
電話：0883-36-3010
交通：JR徳島線鴨島駅から約10km
宿坊：なし

第11番

金剛山《こんごうざん》 藤井寺《ふじいでら》

五色の藤と清冽な流れに彩られる山里の古刹

弘仁6（815）年にこの地を訪れた弘法大師は、山に抱かれて清らかな小川が流れる美しさに感動し、世にもまれな吉祥の地として薬師如来を刻んで堂宇を建立した。

さらに山上の八畳岩に護摩壇を築いて7日間の修行をしたといわれている。この大師自刻の薬師如来像は度重なる戦火を逃れ、今も本尊としてまつられている。

仁王門をくぐったところにある立派な藤棚が寺名の由来にもなった藤で、大師御手植と伝わっている。見頃は4月下旬から5月上旬。

ここから12番焼山寺までは厳しい遍路道になるので、美しい花を見て英気を養い、出発したい。

↑のどかな田園風景の奥まったところにある。本堂の裏山には散策路があり、ミニ四国霊場が楽しめる

↑本堂の天井には地元出身の画家・林雲渓が昭和53年に描いた雲竜図が睨みをきかせている

←藤棚には数種類の藤が育ち、紫やピンク、小豆色などカラフルな花がお遍路を迎える

本尊▼薬師如来
開基▼弘法大師
宗派▼臨済宗妙心寺派
真言▼おん　ころころ　せんだり　まとうぎ　そわか

御詠歌▼色《いろ》も香《か》も無比中道《むひちゅうどう》の藤井寺《ふじいでら》　真如《しんにょ》の波《なみ》のたたぬ日《ひ》もなし

住所：吉野川市鴨島町飯尾1525
電話：0883-24-2384
交通：JR徳島線鴨島駅から徒歩1時間、もしくはタクシーで10分
宿坊：なし

第12番

摩蘆山《まろざん》

焼山寺《しょうさんじ》

遍路転がしを歩いてたどりつく大蛇伝説が伝わる山上の霊場

↑山の冷気が立ちこめる中に建つ本堂。庫裏、三面大黒天、本堂、大師堂と横並びに堂宇が建っている

大宝年間に役行者が開山し、蔵王権現をまつって修験道の行場としたのが始まり。昔から大蛇が住むといわれ、弘法大師が訪れた時も山を焼いて行く手を阻んだが、大師が祈ると虚空蔵菩薩が現れて大蛇を岩屋に封じ込めることができた。その虚空蔵菩薩の姿を映した霊像を大師が刻み、焼け山の寺と名付けたと伝わっている。

11番藤井寺からは「一に焼山、二にお鶴、三に太龍」といわれるほど険しい山道を13㎞も歩いてたどりつく標高800ｍの霊場である。老杉が茂る境内はまさに深山幽谷の世界で、歩き疲れたお遍路を清々しい空気が迎えてくれる。

↑焼山寺近くの番外霊場・杖杉庵にある遍路の元祖といわれる衛門三郎と大師の像

←境内は杉の巨木で覆われている。樹齢300年前後のものが多く、天然記念物もある

本尊▼虚空蔵菩薩
開基▼役行者小角
宗派▼高野山真言宗
真言▼のうぼう　あきゃしゃ　きゃらばや　おん　ありきゃ　まりぼり　そわか

御詠歌▼後《のち》の世《よ》を思《おも》えばくぎょう焼山寺《しょうさんじ》　死出《しで》や三途《さんず》の難所《なんしょ》ありとも

住所：名西郡神山町下分地中318
電話：088-677-0112
交通：JR徳島線徳島駅から寄井中行きバス約1時間、寄井中下車、徒歩約2時間
宿坊：あり（6000円～）

第13番
大栗山《おおぐりざん》 大日寺《だいにちじ》

合掌した手の中にまつられたしあわせ観音が迎える

弘法大師がこの地の森で修行中、空中に紫雲とともに大日如来が出現し、そのお告げによって自ら大日如来像を刻み、創建したといわれる。大師作と伝わる大日如来像は現在は本尊の脇侍としてまつられている。さほど広くない境内はいつもきれいに掃き清められ、清潔感が漂う。

本尊▼十一面観世音菩薩　宗派▼真言宗大覚寺派
開基▼弘法大師　真言▼おん　まか　きゃろにきゃ　そわか

御詠歌▼阿波《あわ》の国一《くにいち》の宮《みや》とはゆうだすき　かけてたのめや此《こ》の世後《よのち》の世《よ》

↑かつては向い側にある一宮神社の別当寺で、今の本尊も昔は神社にまつられていたもの

←合掌の中に色鮮やかな衣を身にまとった観音像が入っているしあわせ観音

住所：徳島市一宮町西町丁263
電話：088-644-0069
交通：JR徳島線徳島駅から神山行きバス25分、一の宮札所前下車、徒歩すぐ
宿坊：あり（6000円～）

第14番
盛寿山《せいじゅざん》 常楽寺《じょうらくじ》

自然が生み出した不思議な境内に四国霊場で唯一の弥勒菩薩をまつる

波打つような岩で覆いつくされた境内が不思議な景観を見せている古寺。これは山を削った上に境内を造立したためで、長年の風雨による侵食でできたといわれている。その境内には、弘法大師が病に苦しむ老人に煎じて飲ませたと伝わる「あららぎの木」があり、病除けの霊木として信仰されている。

本尊▼弥勒菩薩　宗派▼高野山真言宗
開基▼弘法大師　真言▼おん　まい　たれいや　そわか

御詠歌▼常楽《じょうらく》の岸《きし》にはいつかいたらまし　弘誓《ぐぜい》の船《ふね》に乗《の》り遅《おく》れずば

↑流れる水のような岩肌を見せる独特の境内。歩きづらいので足元には注意が必要だ

←本堂を風雨から守るように枝を広げるあららぎの霊木。あらゆる病に霊験あらたかといわれる

住所：徳島市国府町延命606
電話：088-642-0471
交通：JR徳島線徳島駅から神山行きバス25分、常楽寺前下車、徒歩10分
宿坊：なし

第15番

薬王山《やくおうざん》 国《こ》分《く》寺《ぶんじ》

遺跡と庭園が往時を偲ばせる阿波の国分寺跡に建つ古刹

天平13（741）年に聖武天皇が天下泰平を祈願して全国に建立した国分寺の一つで、今も境内に残る七重塔の心礎石が歴史を伝えている。重層入母屋造の本堂は文化文政年間（1804～30）に再建された堂々たる大建築。この本堂の裏には、桃山様式の名勝庭園もあるが、残念ながら公開されていない。

本尊▼薬師如来　宗派▼曹洞宗
開基▼聖武天皇　真言▼おん　ころころ　せんだり　まとうぎ　そわか
御詠歌▼薄《うす》く濃《こ》くわけわけ色《いろ》を染《そ》めぬれば　流転生死《るてんしょうじ》の秋《あき》のもみじ葉《ば》

↑山門横の大きな石碑には「聖武天皇勅願所」の文字が刻まれ、その歴史を今に伝える

←境内は全域が阿波国分寺跡として県の史跡に指定されている。遺跡も見ることができる

住所：徳島市国府町矢野718-1
電話：088-642-0525
交通：JR徳島線徳島駅から神山行きバス20分、観音寺下車、徒歩10分
宿坊：なし

第16番

光耀山《こうようざん》 観《か》音《んお》寺《んじ》

古い町家が並ぶ住宅地に建つ庶民信仰に支えられた古刹

細い旧道に面して二層の鐘楼門を構えるこぢんまりとした寺。国分寺が建立されたのと時を同じくして、ここも聖武天皇の勅願所として創建された。狭い境内には本堂、大師堂と並んで子供の夜泣き封じに霊験があるとされる夜泣き地蔵がまつられている。

本尊▼千手観世音菩薩　宗派▼高野山真言宗
開基▼弘法大師　真言▼おん　ばざら　たらま　きりく　そわか
御詠歌▼忘《わす》れずも導《みちび》き給《たま》え観音寺《かんおんじ》　西方世界弥陀《さいほうせかいみだ》の浄土《じょうど》へ

↑和様重層式の堂々たる鐘楼門は存在感たっぷり。寄進者の石碑が信仰の厚さを物語る

←大師堂の隣で石窟のような厨子にまつられている夜泣き地蔵。安眠の願いも叶えてくれる

住所：徳島市国府町観音寺49-2
電話：088-642-2375
交通：JR徳島線徳島駅から鴨島行きバス18分、観音寺北下車、徒歩3分
宿坊：なし

第17番

瑠璃山《るりざん》 井戸寺《いどじ》

弘法大師ゆかりの面影の井戸で無病息災・招福を祈願する

水不足に苦しむ住民を哀れみ、弘法大師が杖を使って一夜で掘ったとされる「面影の井戸」が寺名の由来。本尊の七仏薬師如来は聖徳太子の作といわれ、脇侍の日光・月光菩薩像は大師の作と伝えられている。貴重な仏像群だが、本堂で間近に拝観できるのがうれしい。

本尊▼七仏薬師如来
開基▼天武天皇
宗派▼真言宗善通寺派
真言▼おん　ころころ　せんだり　まとうぎ　そわか

御詠歌▼面影《おもかげ》を映《うつ》してみれば井戸《いど》の水《みず》　結《むす》べば胸《むね》の垢《あか》や落《お》ちなん

↓大師ゆかりの井戸に自分の姿が映れば無病息災に過ごせる。飲用に持ち帰ることもできる

住所：徳島市国府町井戸北屋敷80-1
電話：088-642-1324
交通：JR徳島線徳島駅から覚円・竜王団地行き（久居廻り）バス18分、井戸寺口下車、徒歩3分
宿坊：なし

第18番

母養山《ぼようざん》 恩山寺《おんざんじ》

弘法大師が母に孝養を尽くした旧蹟で両親への愛と恩を再確認しよう

弘法大師が7日間滝に打たれて修行し、女人禁制を解いて母君である玉依御前を迎えた寺。喜ばれた母君が剃髪して、髪を納められたので「母養山恩山寺」と改めた。玉依御前の剃髪所や、大師御手植えのビラン樹など、弘法大師ゆかりの史跡が点在している。

本尊▼薬師如来
開基▼行基
宗派▼高野山真言宗
真言▼おん　ころころ　せんだり　まとうぎ　そわか

御詠歌▼子《こ》を産《う》めるその父母《ちちはは》の恩山寺《おんざんじ》　訪《とぶら》ひがたきことはあらじな

↑本堂と結ばれている玉依御前の剃髪所。堂内にはその時の髪が納められている

←女人禁制を解くために大師が修行したとされる場所に植えられているビラン樹

住所：小松島市田野町恩山寺谷40
電話：0885-33-1218
交通：JR徳島線徳島駅から立江萱原行きバス40分、恩山寺前下車、徒歩15分
宿坊：なし

第19番

橋池山《きょうちざん》

立江寺《たつえじ》

本堂の天井画や黒髪堂など見どころ豊富な阿波の関所

聖武天皇の勅願を受けた行基が、光明皇后の安産を願って建立した古刹。立派な多宝塔が建つ境内には、愛人と共謀して夫を殺した女の伝説を伝える黒髪堂、子授地蔵、本堂の鮮やかな天井画など見どころが多い。かつては阿波の関所が置かれ、邪悪な心の持ち主には罰が下るとの言い伝えが残る。

本尊▼延命地蔵菩薩　宗派▼高野山真言宗
開基▼行基　真言▼おん　かかかび　さんまえい　そわか

御詠歌▼いつかさて西《にし》のすまいのわが立江《たつえ》 弘誓《ぐぜい》の舟《ふね》に乗《の》りていたらむ

↓昭和52年に再建された本堂には東京芸術大学の教授らが描いた見事な天井画がある

住所：小松島市立江町若松13
電話：0885-37-1019
交通：JR牟岐線立江駅下車、徒歩5分
宿坊：あり（6000円）

第20番

霊鷲山《りょうじゅざん》

鶴林寺《かくりんじ》

標高516mの山上に堂宇を構える阿波の国第二の難所寺

立江寺から約13㎞、胸突き八丁の急勾配を上った山上にある古刹。この地で黄金の地蔵菩薩を守る2羽の白鶴を見た弘法大師が創建したと伝わる。鶴の像に守られるように建つ本堂の左手には、本尊が白鶴に守護されながら降臨したといわれる杉の木が茂っている。

本尊▼地蔵菩薩　宗派▼高野山真言宗
開基▼弘法大師　真言▼おん　かかかび　さんまえい　そわか

御詠歌▼しげりつる鶴《つる》の林《はやし》をしるべにて 大師《だいし》ぞいます地蔵帝釈《じぞうたいしゃく》

↑本堂を守るように左右一対の鶴の像が立ち、創建の由来を今に伝えている

住所：勝浦郡勝浦町生名鷲ヶ尾14
電話：0885-42-3020
交通：JR徳島線徳島駅から横瀬西行きバス58分、生名下車、徒歩1時間
宿坊：なし

第21番

舎心山《しゃしんざん》
太《たい》龍《りゅう》寺《じ》

ロープウェイで参拝する霊場の雰囲気漂う「西の高野」

かつては阿波の国最後の難所といわれ、車を使っても1㎞以上の険しい山道を徒歩で登らなければたどりつけなかった山上の霊場。現在は西日本最長のスケールを持つ太龍寺ロープウェイが通り、那賀川河畔の山麓からわずか10分でアクセスできるようになった。

↑壮大な鐘楼。この下に本堂や護摩堂、納経所などがある。周囲は杉に囲まれて深閑とした趣

ここは桓武天皇の勅願によって開かれ、弘法大師が自ら刻んだ虚空蔵菩薩を本尊としてまつっている。「西の高野」と呼ばれるように、老杉に覆われた大師堂には諸堂が点在し、高野山奥の院と同じ造りの御廟もある。また、山頂駅から整備された山道を20分ほど歩くと、19歳の大師が100日間修行した舎心《しゃしん》ヶ嶽《がたけ》へ行くことができる。

本尊▼虚空蔵菩薩
開基▼弘法大師
宗派▼高野山真言宗
真言▼のうぼう　あきゃしゃきゃらばや　おん　ありきゃまり　ぼり　そわか

御詠歌▼太龍《たいりゅう》の常《つね》にすむぞやげに岩屋《いわや》　舎心聞持《しゃしんもんじ》は守護《しゅご》の為《ため》なり

住所：阿南市加茂町龍山2
電話：0884-62-2021
交通：JR牟岐線徳島駅から川口営業所行きバス1時間20分、和食東下車、徒歩10分で太龍寺ロープウェイ乗り場
宿坊：なし
※太龍寺ロープウェイ☎0884-62-3100

↑西日本最長の規模を誇る太龍寺ロープウェイ（運賃往復2400円）。眺望は抜群だ

←持仏堂の廊下の天井には見事な龍が描かれている。迫力ある姿は一見の価値あり

第22番

白水山《はくすいざん》 平等寺《びょうどうじ》

今も清冽な水を湛える 弘法大師が彫った伝説の井戸

弘法大師の前に五色の雲がたなびき、その中に現れた金色の梵字が薬師如来に姿を変え、四方に輝いた。そこで加持水を求めた大師が杖で井戸を掘ると、乳白色の水が湧き出した。大師はその水で身を清め、薬師如来を刻んで一宇を建立。これが寺伝にある創建の由来である。

この時の井戸が本堂へ続く男坂の下にある「白水の井戸」。今でも枯れることなくこんこんと湧き、万病に効く霊水として持ち帰る参拝者も多い。

井戸から男坂を上がると本堂、その左手の不動堂から女坂を下ると観音堂がある。男・女坂は厄年の段数になっていて、厄除けの賽銭を置いていくお遍路も多い。

↑背後の山に抱かれるようにして建つ本堂には、美しい草花の天井画が描かれている

←本堂の向って左手に建つ不動堂。ここから女坂を下って大師堂へ参拝するのが順路

←今も水が枯れることのない白水の井戸。今までもたくさんのお遍路の喉を潤してきた

↑山を背後にして広がる境内は、明るく開放的な雰囲気が漂っている

本尊▼薬師如来
開基▼弘法大師
宗派▼高野山真言宗
真言▼おん　ころころ　せんだり　まとうぎ　そわか
御詠歌▼平等《びょうどう》に隔《へだ》てのなきと聞《き》く時《とき》は　あら頼《たの》もしき仏《ほとけ》とぞみる

住所：阿南市新野町秋山177
電話：0884-36-3522
交通：JR牟岐線新野駅から徒歩30分
宿坊：なし

第23番

医王山《いおうざん》 薬王寺《やくおうじ》

風光明媚な海岸線を一望する四国有数の厄除け霊場

ウミガメの産卵地として知られる美波町（旧日和佐町）にある古刹で、全国から参拝客が訪れる厄除け寺として知られている。その歴史は古く、神亀3（726）年に行基が聖武天皇の勅命を受けて建立。弘仁6（815）年には、弘法大師が民衆の厄除け祈願のために彫った厄除薬師如来を本尊として安置し、厄除けの根本道場とした。

↑薬王寺のシンボル・瑜祇塔は高さ29m。内部では書画などの寺宝を展示している

山の斜面に広がる境内では、厄除坂が諸堂を結んでいる。仁王門から女厄坂を上がって絵馬堂へ、さらに男厄坂を上ると本堂や大師堂があり、ここから還暦厄坂を上がった先には寺のシンボルである瑜祇塔《ゆぎとう》が建っている。ここからの眺望が抜群。ウミガメが産卵に来る大浜海岸や、うみがめ博物館など観光スポットも近い。

↑男厄坂を上りきったところに本堂、大師堂、地蔵堂、鎮守堂などが並んでいる

←弘法大師が刻んだと伝わる厄除薬師如来像を安置する本堂。線香の煙が絶えない

←自分の年齢の数だけ鐘を打って厄を払う厄災消除の鐘。本堂の前にある

御詠歌▼皆人《みなひと》の病《や》みぬる年《とし》の薬王寺《やくおうじ》　瑠璃《るり》の薬《くすり》を与《あた》えまします

本尊▼薬師如来
開基▼行基
宗派▼高野山真言宗
真言▼おん　ころころ　せんだり　まとうぎ　そわか

住所：海部郡美波町奥河内寺前285-1
電話：0884-77-0023
交通：JR牟岐線日和佐駅から徒歩10分
宿坊：あり（3900円～）

遍路旅、ひと休み①

徳島県の見どころ・味どころ

紀伊水道や太平洋に面する一方、面積の約8割が山林という自然豊かな阿波国・徳島。特産品も多く風光明媚な観光スポットも点在。

焼き饅頭
米粉や粟、よもぎなどで作った生地に餡を入れた素朴な饅頭。鉄板で香ばしく焼くのが一般的

たらいうどん
川漁師が小魚をダシに使って食べたのが始まりとか。アツアツがおいしい

味　山海の幸に恵まれた素朴な郷土料理が豊富

徳島を代表するグルメといえば、噛むほどに味が出る阿波尾鶏や徳島ラーメン、特産のすだちを使った加工品などが知られている。中でも阿波市土成町周辺で多く見られるのが、たらいうどん。文字通り、大きなたらいにゆがいたうどんが入り、これを熱いダシ汁で食べる。一つのたらいを囲んで3〜4人で食べるのが本来の姿だ。すだちをダシ汁に絞ると香り高くいただける。また、いろいろな餡を生地でくるみ、香ばしく焼いた焼き饅頭も名物になっている。

見　厳しい遍路旅を癒す風光明媚な海岸風景

東に雄大な太平洋を見ながら歩く阿波国の遍路道。遍路転がしと呼ばれる難所も多いが、その疲れを癒してくれる風景がそこかしこで楽しめる。特に23番薬王寺に近い大浜海岸は、透きとおった海と白砂のビーチが美しく、目と心を潤してくれる。5月中旬〜8月中旬にはウミガメの産卵も見られる。

第三章
四国八十八ヶ所 札所❷

土佐の札所

高知県
—修行の道場—

第24番 最御崎寺
～
第39番 延光寺

第24番

室戸山《むろとざん》

最御崎寺《ほつみさきじ》

室戸岬の突端に位置する亜熱帯植物に包まれた札所

青年だった弘法大師が初めて悟りを開いた室戸岬の突端に建つ。順打ちするお遍路にとっては、23番薬王寺から延々80kmの道のりをたどってようやく到着する土佐の国最初の霊場である。寺の近くには大師が「求聞持法」を修したといわれる御厨人窟や青年大師像もあり、大師との「同行二人」の旅をさらに強く感じることだろう。

唐から帰国した大師は、大同2（807）年にこの地を再訪し、嵯峨天皇の勅命によって伽藍を建立する。照葉樹やシダなどに覆われた境内は南国ムードにあふれ、その中に本堂や大師堂、鐘楼堂が建っている。叩くと鐘のような音がする鐘石も境内中央にある。

↑南国の植物に包まれるように建つ仁王門。近くには太平洋を見渡す展望台もある

↑←海を見つめる白亜の青年大師像（右）や、大師が修行した御厨人窟など周辺には見どころが点在する

↑慶安元（1648）年に建てられた鐘楼堂は最御崎寺のシンボル

本尊▼虚空蔵菩薩
開基▼弘法大師
宗派▼真言宗豊山派
真言▼のうぼう　あきゃしゃきゃらばや　おん　ありきゃ　まりぼり　そわか

御詠歌▼明星《みょうじょう》の出《い》でぬる方《かた》の東寺《ひがしでら》　暗《くら》き迷《まよ》いはなどかあらまじ

住所：室戸市室戸岬町4058-1
電話：0887-23-0024
交通：土佐くろしお鉄道奈半利駅から室戸岬行きバス45分、スカイライン入り口下車、徒歩25分
宿坊：ユースホステルあり（3200円～）

第25番

宝珠山《ほうしゅざん》
津照寺《しんしょうじ》

海と港町を一望する高台
大漁と海上安全の楫取地蔵

かつては遠洋漁業の基地として栄えた室津港にあり、古くから海上安全を祈る寺として漁師から信仰を集めてきた。本尊の楫取《かじとり》地蔵は、初代土佐藩主・山内一豊が室津沖で暴風雨に遭った時、僧に化身して助けたといわれている。境内からは紺碧の太平洋が一望でき、巡礼の疲れを癒してくれる。

本尊▼楫取地蔵菩薩　宗派▼真言宗豊山派
開基▼弘法大師　真言▼おん　かかかび　さんまえい　そわか

御詠歌▼法《のり》の舟《ふね》入《い》るか出《いづ》るかこの津寺《つでら》　迷《まよ》ふ我身《わがみ》をのせてたまへや

↑港から長い石段を上がって本堂へ。竜宮城のような鐘楼門が迎えてくれる

住所：室戸市室津2652
電話：0887-23-0025
交通：JR土讃線高知駅から室戸岬行きバス2時間20分、室戸下車、徒歩15分
宿坊：なし

第26番

龍頭山《りゅうずざん》
金剛頂寺《こんごうちょうじ》

数々の寺宝が伝わる
行当岬に鎮座する西寺

行当岬の突端近く、標高約100mのところにあり、古来より土佐西寺と呼ばれている。約100段の長い石段を上がったところに広い境内があり、本堂や大師堂、霊宝殿が整然と並ぶ。校倉造の霊宝殿には平安時代の木造阿弥陀如来像など貴重な寺宝が収蔵され、事前連絡すれば拝観できる。

本尊▼薬師如来　宗派▼真言宗豊山派
開基▼弘法大師　真言▼おん　ころころ　せんだり　まとうぎ　そわか

御詠歌▼往生《おうじょう》に望《のぞ》みをかくる極楽《ごくらく》は　月《つき》のかたむく西寺《にしでら》のそら

↓弘法大師が三合三勺の米を入れて炊くと万倍に増え、人々を救済した一粒万倍の釜

住所：室戸市元乙523
電話：0887-23-0026
交通：JR土讃線高知駅から室戸岬行きバス2時間5分、元橋下車、徒歩30分
宿坊：あり（6000円～）

第27番

竹林山《ちくりんざん》 神峯寺《こうのみねじ》

土佐の国随一の難所を歩き たどりつく庭園と名水の霊場

麓から山肌を縫って続く急勾配の細い坂道を上り詰めた神峯山の山頂付近にある。仁王門まで着いてもさらに約１６０段の石段を上らなければ本堂にたどりつけず、その道のりは遍路転がしと呼ばれる土佐随一の難所になっている。

神功皇后が戦勝を祈って諸神をまつったのが寺の始まり。その後、行基が十一面観音を安置し、大同４（８０９）年には弘法大師が堂宇を整備したと伝わっている。

↑石段の途中に立つ不動明王像。真紅の体に勢いよく燃える炎が印象的な写実的な像

←山を背後にして静寂の中に建つ大師堂。お堂の前には弘法大師についての石碑がある

←鐘楼の横に湧く石清水は昔から病気平癒に霊験あらたかとされる。険しい山道を歩いたお遍路の喉を潤してくれる

↑十一面観音がまつられている本堂は明治17（1884）年に再興された

土佐湾を一望する境内からの眺望はすばらしく、またよく整備された庭園やこんこんと湧く石清水などが歩き疲れたお遍路を癒してくれる。とりわけ、ツツジや藤が咲く初夏が美しい。

本尊▼十一面観世音菩薩
開基▼行基
宗派▼真言宗豊山派
真言▼おん　まか　きゃろにきゃ　そわか

御詠歌▼み仏《ほとけ》の恵《めぐ》みの心神峯《こころこうのみね》　山《やま》も誓《ちか》いも高《たか》き水音《みずおと》

住所：安芸郡安田町唐浜2594
電話：0887-38-5495
交通：土佐くろしお鉄道唐浜駅下車、徒歩1時間30分
宿坊：なし

第28番

法界山《ほうかいざん》 大日寺《だいにちじ》

のどかな丘陵の中に建つ近くに観光名所も多い

三宝山西麓の丘陵地帯にあり、あたりにはのどかな風景が広がっている。付近には日本三大鍾乳洞の一つとして有名な龍河洞や、坂本龍馬の一生を蝋人形で紹介する龍馬歴史館など観光スポットも点在している。

駐車場から山門をくぐって石段を上ると、砂を敷き詰めた広い境内にたどり着く。正面の本堂には、高さ約１４５cmと中四国最大級の本尊大日如来坐像がまつられているが、こちらは秘仏のため拝観はできない。

本堂から１００ｍほど歩くと、弘法大師が爪で刻んだと伝わる薬師如来の霊木を安置する奥の院。目や耳などの病気に霊験があり、大師の御加持水と呼ばれる名水も湧いている。

↑弘法大師が爪で刻んだといわれる爪彫薬師をまつる奥の院。首から上の病にご利益があるといわれる

↑バランスの取れた優美な姿の本堂。秘仏の大日如来像を本尊にまつっている

←奥の院の脇から流れる大師の御加持水は高知県の名水40選にも選ばれている名水だ

←護摩堂を兼ねた六角堂。広い境内は花も多く、春は桜やサンシュユ、秋にはマンリョウが美しい

本尊▼大日如来
開基▼行基
宗派▼真言宗智山派
真言▼おん　ばざら　だどばん

御詠歌▼露霜《つゆしも》と罪《つみ》を照《て》らせる大日寺《だいにちじ》　などか歩《あゆ》みを運《はこ》ばざらまし

住所：香南市野市町母代寺476
電話：0887-56-0638
交通：土佐くろしお鉄道のいち駅から徒歩40分
宿坊：なし

第29番

摩尼山《まにざん》

国分寺《こくぶんじ》

歌人紀貫之ゆかりの寺
金堂は古雅で簡素な造りが印象的

天平13（741）年に聖武天皇が天下泰平・五穀豊穣を祈願して全国に建立した国分寺。土佐の国分寺は当時国府が置かれていたこの地に創建され、近くには『土佐日記』で知られる紀貫之が国司として4年間滞在していた。後に弘法大師により中興され、四国霊場の一つに定められた。

↑永禄元（1558）年に長宗我部国親・元親親子によって再建された本堂は国の重要文化財

田園の中にひっそりと建つ風情豊かな古寺で、日本の原風景を思わせるすがたに心が和む。

本堂は土佐の国主だった長宗我部氏が寄進した豪壮な建築。その左側には寛永11（1634）年建立の大師堂が建っている。禁酒を誓う人に信仰されている酒断ち地蔵が珍しい。

↑左右に阿吽の金剛力士像を安置する仁王門。二層の重厚なたたずまいが印象に残る

←重厚な本堂に比べ、端整な建築美を見せる大師堂。堂内には弘法大師像がまつられている

←禁酒に霊験があるといわれ、昔から厚く信仰を集めている酒断ち地蔵

本尊▼千手観世音菩薩
開基▼行基
宗派▼真言宗智山派
真言▼おん　ばざら　たらま　きりく

御詠歌▼国《くに》を分《わ》け宝《たから》を積《つ》みて建《た》つ寺《てら》の　末《すえ》の世《よ》までの利益《りやく》のこせり

住所：南国市国分546
電話：088-862-0055
交通：JR土讃線後免駅から領石行きバス5分、国分寺通り下車、徒歩5分
宿坊：なし

第30番

百々山《どどざん》 善楽寺《ぜんらくじ》

廃仏毀釈で統合された子安地蔵をまつる寺

平安時代前期の大同年間（806～10）、弘法大師が御巡錫《ごじゅんしゃく》のおり、高加茂大社（現土佐神社）の別当寺として、善楽寺を建立し、第30番霊場としてきたが、明治初年の廃仏毀釈で廃寺（1870）となる。その後、昭和4年に再興され、厳しい時を経て、平成6年に30番霊場として復活し現在に至る。現在はそんな騒動が嘘のように静まり返り、明るく開放的な雰囲気でお遍路を迎えている。

↑子宝祈願、合格祈願などにご利益があると伝えられる地蔵絵馬が目を引く

←お参りすると子宝に恵まれると伝わる子安地蔵。ユーモラスな表情に心が癒される

←学業成就や合格祈願、首から上の病気平癒に霊験あらたかな梅見地蔵

↑昭和57年に改修された本堂。土佐神社も隣接している

本堂の向いに建つ子安地蔵堂には、ユーモラスな姿の子安地蔵がまつられ、子宝に霊験あらたかといわれている。首から上の病を治してくれるという梅見地蔵もある。

本尊▼阿弥陀如来
開基▼弘法大師
宗派▼真言宗豊山派
真言▼おん　あみりた　ていせい　からうん

御詠歌▼人多《ひとおお》くたち集《あつ》まれる一《いち》の宮《みや》　昔《むかし》も今《いま》も栄《さか》えぬるかな

住所：高知市一宮しなね2-23-11
電話：088-846-4141
交通：JR土讃線土佐一宮駅下車、徒歩20分
宿坊：なし

第31番

五台山《ごだいさん》 竹林寺《ちくりんじ》

神亀年間に創建された五台山に鎮座する土佐一の名刹

神亀元（７２４）年に創建されたと伝わる高知屈指の古刹。文殊菩薩が住む中国の霊峰・五台山に似た土地を探して一宇を建立するよう天皇から勅命を受けた行基が、諸国からこの地を選び、自刻の文殊菩薩像を本尊として堂塔を建立した。その後、弘法大師が補修して四国霊場札所に定めたといわれている。土佐藩主からも厚い庇護を受けて大いに栄えた。宝物館や客殿が建つ参道から仁王門をくぐると、美しい石段が奥へ延びている。ここを上ると広い敷地に高さ約31mの五重塔、2代藩主山内忠義が再建した柿葺の本堂、大師堂が並んでいる。夢窓国師が手がけた客殿の庭園（宝物館と共通４００円）もぜひ拝観したい。

↑四国霊場で唯一、文殊菩薩をまつっている本堂は江戸時代の再建。国の重要文化財に指定

↖大師堂。五台山の山頂に広がる境内は広く開放的
←インドの仏様もまつられている

↑高知県で唯一の五重塔は総桧造り。初層内陣には大日如来を安置する

本尊▼文殊菩薩
開基▼行基
宗派▼真言宗智山派
真言▼おん　あらはしゃのう

御詠歌▼南無文殊《なむもんじゅ》三世《みよ》の仏《ほとけ》の母《はは》ときく　我《われ》も子《こ》なれば乳《ち》こそほしけれ

住所：高知市五台山3577
電話：088-882-3085
交通：はりまや橋から竹林寺行きバス20分、終点下車、徒歩3分
宿坊：なし

第32番

八葉山《はちようざん》

禅《ぜん》師《じ》峰《ぶ》寺《じ》

眺望の良さは四国霊場でもNo.1 山内一豊ゆかりの峰寺

土佐湾を一望する標高82mの峰山山頂に建ち、「峰寺」とも呼ばれている。境内や駐車場からの眺めはすばらしく、東に手結岬、西には桂浜など美しい太平洋の海岸線を楽しむことができる。

船魂観音とも呼ばれる本尊の十一面観音は、昔から海上交通の安全を祈願されてきた仏様。初代土佐藩主の山内一豊も参勤交代の際には必ずここに参拝し、旅の安全を祈ったといわれている。

駐車場から長い石段を上がると奇岩に囲まれて仁王門が建ち、その奥に海を望むように本堂、その向かって左に大師堂、地蔵堂がある。鐘楼にかかる梵鐘はかつて時の鐘だったものだが、今は誰でも撞ける。

↑本堂では船魂観音と呼ばれて信仰されてきた本尊十一面観音像を拝観できる

↑奇岩が多い境内でも目を引くのは屏風岩の前に立つ不動明王。背後の岩が炎に見える

←厳しい巡礼の疲れを癒してくれる抜群の眺望。境内にはベンチもあり、ゆっくりできる

←駐車場横に並ぶ30体の石仏が迎えてくれる。ここから急な石段を上がって境内へ

本尊▼十一面観世音菩薩
開基▼行基
宗派▼真言宗豊山派
真言▼おん　まか　きゃろにきゃ　そわか

御詠歌▼静《しず》かなる我《わ》がみなもとの禅師峰寺《ぜんじぶじ》　浮《う》かぶ心《こころ》は法《のり》の早舟《はやふね》

住所：南国市十市3084
電話：088-865-8430
交通：はりまや橋から十市・後免行きバス40分、峰寺下車、徒歩15分
宿坊：なし

第33番

高福山《こうふくざん》 雪蹊寺《せっけいじ》

長宗我部家の菩提寺として栄えた坂本龍馬の師が眠る寺

坂本龍馬像が見下ろす月の名所・桂浜から3㎞ほどのところにある古刹。平成16年に改築された真新しい本堂を中心に大師堂、観音堂、安産地蔵などが広い境内に点在している。

墓地には坂本龍馬に剣を教えた日根野道場師範・土居楠五郎（保）の墓があり、歴史ファンの来訪も多い。

本尊▼薬師如来
開基▼弘法大師
宗派▼臨済宗妙心寺派
真言▼おん　ころころ　せんだり　まとうぎ　そわか

御詠歌▼旅《たび》の道《みち》うえしも今《いま》は高福寺《こうふくじ》　のちのたのしみ有明《ありあけ》の月《つき》

↓名僧として知られた山本太玄和尚を讃える太玄塔。境内入ってすぐ左側に建っている

住所：高知市長浜857-3
電話：088-837-2233
交通：JR土讃線高知駅から桂浜行きバス25分、長浜出張所下車、徒歩4分
宿坊：なし

第34番

本尾山《もとおざん》 種間寺《たねまじ》

柄杓を奉納して安産祈願　弘法大師が種を蒔いた地に建つ

唐から帰国した弘法大師が五穀豊穣を祈って種を蒔いたという伝説が寺名の由来。本尊の薬師如来は昔から安産祈願で信仰を集めてきた仏像で、新暦の3月8日に開廟されている。

大師堂の前には、赤ちゃんを抱いた子育観音像がまつられていて、底の抜けた柄杓がたくさん奉納されている。

本尊▼薬師如来
開基▼弘法大師
宗派▼真言宗豊山派
真言▼おん　ころころ　せんだり　まとうぎ　そわか

御詠歌▼世《よ》の中《なか》にまける五穀《ごこく》の種間寺《たねまでら》　深《ふか》き如来《にょらい》の大悲《だいひ》なりけり

↓安産祈願の子育観音（左）。出産を終えた女性や家族が奉納した底の抜けた柄杓が並ぶ

住所：高知市春野町秋山72
電話：088-894-2234
交通：JR土讃線高知駅から春野町役場行きバス40分、終点下車、徒歩10分
宿坊：なし

第35番

医王山《いおうざん》 清滝寺《きよたきじ》

文旦畑が広がる八丁坂を上って医王山中腹の薬師如来に参拝

たくさんの文旦が実る段々畑の中を縫う八丁坂を上った、医王山の中腹に建つ古刹。養老7（723）年に行基が薬師如来を安置して創建。その後、弘法大師が7日間に渡って修法した際、杖で地面を突いたところ清水が湧き出し滝となって流れ出した。そこから清滝寺と名付けられたといわれている。

↑薬師如来像の台座は戒壇めぐりになっていて、真言を唱えながら暗闇をたどって厄除けを祈願する

↑本堂の軒下に掲げられた方位盤。十二支で表示され、美しい彩色も残っている

←本堂の階段横にある大僧正伊東像岳和尚の坐像。悟りを開いた表情が印象的

←山の中腹にあるだけに眺望は最高。晴れた日には太平洋まで見渡すことができる

江戸時代には藩主山内家の庇護が厚く、寺領100石・七堂伽藍を備えた大寺として大変栄えた。

見事な竜の天井画がある仁王門をくぐると、目の前に高さ15mの薬師如来像が現れ、その奥に立派な唐破風を備えた本堂と大師堂が建つ。本尊は国の重要文化財に指定されている桧の一木造り。本堂裏の宝物殿に安置されている。

本尊▼厄除薬師如来
開基▼行基
宗派▼真言宗豊山派
真言▼おん　ころころ　せんだり　まとうぎ　そわか

御詠歌▼澄《す》む水《みず》を汲《く》めば心《こころ》の清滝寺《きよたきじ》　波《なみ》の花散《はなち》る岩《いわ》の羽衣《はごろも》

住所：土佐市高岡町丁568-1
電話：088-852-0316
交通：JR土讃線高知駅から高岡営業所行きバス50分、土佐市役所前下車、徒歩50分
宿坊：なし

第36番

独鈷山《とっこうざん》 青龍寺《しょうりゅうじ》

大師が投げた独鈷が落ちた伝説の地 潮の香りが漂う波切不動の寺

弘法大師が唐から投げた三種の密教道具のうち、独鈷が飛来したといわれる地に建つ古刹。仁王門から170段という長い石段を上がったところに本堂と大師堂、薬師堂が建っている。波切不動と呼ばれる本尊は古くから船乗りたちの信仰を集め、船を描いた絵馬もたくさん奉納されている。

本尊▼波切不動明王
開基▼弘法大師
宗派▼真言宗豊山派
真言▼のうまく さんまんだ ばざらだん せんだ まかろしゃだ そわたや うん たらた かんまん

御詠歌▼わずかなる泉《いずみ》に住《す》める青龍《しょうりゅう》は 仏法守護《ぶっぽうしゅご》の誓《ちか》いとぞ聞《き》く

↑漁師たちが奉納した絵馬がたくさん掛けられている本堂。海に近い古刹ならではだ

←大師堂の前にずらりと並ぶ三十三観音像。一体ずつ熱心に手を合わせていくお遍路が多い

住所：土佐市宇佐町竜163
電話：088-856-3010
交通：JR土讃線高知駅から宇佐行きバス1時間、スカイライン入口下車、徒歩45分
宿坊：なし

第37番

藤井山《ふじいさん》 岩本寺《いわもとじ》

本堂の極彩色の天井画が見事 五仏を本尊にまつる寺

寺のある町全体が約300mの高台にあり、歩き遍路は36番青龍寺から60kmの道のりを歩かなければならない。境内には五仏をまつる本堂、宿坊もある本堂、大師堂のほか、円柱形の聖天堂が建つ。

本尊▼不動明王、観世音菩薩、阿弥陀如来、薬師如来、地蔵菩薩
開基▼行基
宗派▼真言宗智山派
真言▼不動明王＝のうまく さんまんだ ばざらだん せんだ まかろしゃだ そわたや うん たらた かんまん（他4体）

御詠歌▼六《む》つのちり五《いつ》つの社《やしろ》あらわして 深《ふか》き仁井田《にいだ》の神《かみ》のたのしみ

↑老若男女約400人の絵が飾られた本堂天井画。画法もテーマもいろいろあって楽しい

住所：高岡郡四万十町茂串町3-13
電話：0880-22-0376
交通：JR土讃線窪川駅下車、徒歩10分
宿坊：あり（6000円～）

第38番

蹉跎山《さださん》 金《こん》剛《ごう》福《ふく》寺《じ》

亜熱帯ムードの中に諸堂が並ぶ四国最南端の霊場

37番岩本寺からさらに80㎞も離れた足摺岬の先端にある。ビロウやソテツなど亜熱帯植物が茂る境内には、３つの顔を持つ千手観音像をまつる本堂のほか、大師堂、源頼光が清和天皇の菩提を弔って建立した多宝塔、護摩堂、愛染堂など多くの建物が建つ。中央の池泉庭園も美しい。

本尊▼三面千手観世音菩薩
宗派▼真言宗豊山派
開基▼弘法大師
真言▼おん　ばざら　たらま　きりく

御詠歌▼補陀洛《ふだらく》やここは岬《みさき》の船《ふね》の棹《さお》　取《と》るも捨《す》つるも法《のり》の蹉跎山《さだやま》

↘弘法大師を乗せて海を渡った伝説のウミガメをモデルにした大師亀の石像

住所：土佐清水市足摺岬214-1
電話：0880-88-0038
交通：土佐くろしお鉄道中村駅から足摺岬行きバス1時間45分、足摺岬下車、徒歩すぐ
宿坊：あり（5775円～）

第39番

赤亀山《しゃっきざん》 延《えん》光《こう》寺《じ》

のどかな山里にたたずむ「修行の道場」最後の寺

赤亀が竜宮城から梵鐘を背負って寺に奉納したという伝説があり、そこから赤亀山の山号が付いたといわれる古刹。延喜11（911）年の銘があるその梵鐘は今も寺宝として伝わり、国の重要文化財に指定されている。中庭にある樹齢500年のいぶきの木は必見だ。

本尊▼薬師如来
宗派▼真言宗智山派
開基▼行基
真言▼おん　ころころ　せんだり　まとうぎ　そわか

御詠歌▼南無薬師諸病悉除《なむやくししょびょうしつじょ》の願《がん》こめて　詣《まい》る我《わ》が身《み》を助《たす》けましませ

↓眼病にご利益があるとされる眼洗いの井戸
↘鐘をのせた赤亀の像などがある

住所：宿毛市平田町中山390
電話：0880-66-0225
交通：土佐くろしお鉄道平田駅から徒歩30分
宿坊：あり（6000円～）

遍路旅、ひと休み②

高知県の見どころ・味どころ

1年を通して暖かい日差しが降り注ぐ南国・土佐。幕末維新の舞台となっただけに歴史的な名所が多く、黒潮に育まれた海の幸も豊富。

広大な太平洋が眺められる桂浜と坂本龍馬像は高知観光の目玉。市街が一望できる高知城は市の中心にある

見 海と山、歴史が息づく坂本龍馬の故郷

月の名所として名高い桂浜や、豪壮な天守閣や石垣が残る高知城など、自然と歴史を満喫できるのが高知。高知県立坂本龍馬記念館や山内神社など、幕末維新史を今に伝える見どころは歴史ファンに人気が高い。8月には全国的に有名なよさこい祭りも行われる。

荒々しい岩礁の向こうに大海原が広がる室戸岬、日本一の清流として知られる四万十川、亜熱帯植物に覆われた足摺岬など、県内には風光明媚な見どころが点在している。

味 鰹のタタキに天然ウナギ豪快な海川の幸が魅力

高知の味として全国的に有名なのが鰹のタタキ。黒潮にもまれて身の締まった鰹を藁焼きにし、ニンニクやネギをのせて豪快に食べる郷土料理だ。高知市内では焼きたてを食べられる店もある。四万十川でとれる鮎やウナギ、川海苔も有名だ。特に脂が濃厚な天然ウナギは地元ならではの味覚。

鰹のタタキ
藁焼きした鰹は余分な脂と臭みが抜けて美味。厚めにスライスしたニンニクで食べるのが土佐ならでは

第三章

四国八十八ヶ所 札所3

伊予の札所

愛媛県

—菩提の道場—

第40番 観自在寺
～
第65番 三角寺

第40番

平城山《へいじょうざん》

観自在寺《かんじざいじ》

天皇の勅願所として創建 1番札所から最も遠い霊場

平城天皇の勅願所として弘法大師が開いた古刹。総ケヤキ造りの仁王門をくぐった先に広がる境内は、一面に芝生が敷き詰められ、明るい雰囲気で迎えてくれる。十二支の守り本尊が並ぶ参道の正面が本堂。本尊の薬師如来と脇侍の阿弥陀如来、十一面観音は大師が1本の霊木から彫ったとされる。

本尊▼薬師如来
開基▼弘法大師
宗派▼真言宗大覚寺派
真言▼おん　ころころ　せんだり　まとうぎ　そわか

御詠歌▼心眼《しんがん》や自在《じざい》の春《はる》に花咲《はなさ》きて　浮世逃《うきよのが》れて住《す》むやけだもの

↑参道には8体の十二支守り本尊が並ぶ。自分の干支のご本尊に水をかけてお参りする

住所：南宇和郡愛南町御荘平城2253-1
電話：0895-72-0416
交通：土佐くろしお鉄道宿毛駅から宇和島行きバス46分、平城札所前下車、徒歩2分
宿坊：あり（4000円〜）

第41番

稲荷山《いなりざん》

龍光寺《りゅうこうじ》

お稲荷さんをまつる 一風変わった札所

山々に囲まれて田園が広がる三間平野を見下ろす高台に位置する霊場。もとは弘法大師が刻んだ稲荷大明神を本尊にまつっていたが、明治の神仏分離により旧本堂を稲荷神社にし、新しく本堂を建立して十一面観音をまつった。その名残の石鳥居が参道入口にあり、少し不思議な風景になっている。

本尊▼十一面観世音菩薩
開基▼弘法大師
宗派▼真言宗御室派
真言▼おん　まか　きゃろにきゃ　そわか

御詠歌▼この神《かみ》は三国流布《さんごくるふ》の密教《みっきょう》を　守《まも》り給《たま》わむ誓《ちか》いとぞ聞《き》く

↑石鳥居をくぐって約50段の石段を上ると本堂と大師堂、さらに高みに稲荷神社がある

←境内からはのどかな山里の風景が一望でき、旅の疲れを忘れさせてくれる

住所：宇和島市三間町戸雁173
電話：0895-58-2186
交通：JR予土線伊予宮野下駅から徒歩15分
宿坊：なし

第42番

一𤥭山《いっかざん》
仏木寺《ぶつもくじ》

牛馬の守り神として信仰を集めるのどかな趣漂う「お大日さん」

大同2（807）年、弘法大師がこの地で牛を引く老人に出会った。そのままついていくと、楠の上に大師が唐から投げ放った宝珠が光り輝いていた。ここが霊地であると感得した大師は楠で大日如来を彫り、その眉間に宝珠を埋めて一寺を建立。以来、本尊は「お大日さん」と呼び親しまれ、牛馬の守り本尊として信仰を集めてきた。

堂々とした山門をくぐって石段を上がると、何とも風情のある茅葺屋根の鐘楼が建っている。ここから左側の石段を上がると享保13（1728）年建立の本堂と大師堂が並んでいる。旧暦6月の土用の丑の日には、きゅうり封じが行われる。人間や牛馬の身代わりとして、きゅうりに病気を封じ込め、川に流すという行事。

↑四国霊場で茅葺の鐘楼があるのはここだけ。元禄元（1688）年に再建されたといわれ、約300年もの歴史がある

↑享保13（1728）年に吉田藩主伊達若狭守によって建立されたと伝わる本堂

←長い距離を歩くお遍路にとって健脚祈願は欠かせない。あちこちで奉納されたわらじを見る

←仁王門をくぐるとすぐに弘法大師像があり、お遍路を迎えてくれる

本尊▼大日如来
開基▼弘法大師
宗派▼真言宗御室派
真言▼おん　あびらうんけん　ばざら　だどばん

御詠歌▼草《くさ》も木《き》も仏《ほとけ》になれる仏木寺《ぶつもくじ》　なお頼《たの》もしき鬼畜人天《きちくにんてん》

住所：宇和島市三間町則1683
電話：0895-58-2216
交通：JR予讃線宇和島駅から成妙行きバス9分、仏木寺前下車、徒歩すぐ
宿坊：なし

第43番

源光山《げんこうざん》 明石寺《めいせきじ》

「あげいしさん」と呼び親しまれる欽明天皇の勅願寺

西予市の郊外、大杉や老樹が生い茂る中に堂宇を並べる古刹。石段の上に建つ本堂は正面に立派な唐破風を備えた建築で、天井や妻飾りに施された見事な彫刻にも注目したい。本堂の向かって右には大師堂があり、そばには夫婦杉と呼ばれる杉の巨木が天を突いている。

ここは6世紀に欽明天皇の勅願により正澄上人が千手観音を安置し、七堂伽藍を建立して開いたと伝わっている。その後、天平6（７３４）年に寿元行者が紀州の熊野権現を勧請して12坊を建て、修験の中心道場になった。建久5（１１９４）年には源頼朝が阿弥陀如来を安置したため、鎌倉時代以降は武士の信仰も厚かった。

↑立派な唐破風が付いた本堂は明治時代に全国の信者の浄財によって建立されたもの

←仁王門には信者から寄進を受けた大わらじが奉納されている。厚い信仰心が感じられる

←杉や松の老樹が茂り、霊験あらたかな雰囲気に包まれた古刹。仁王門も風格ある造り

↑大師堂の近くにそびえる夫婦杉。寄り添うように並んだ杉に夫婦円満・長寿を祈る

本尊▼千手観世音菩薩
開基▼正澄上人
宗派▼天台寺門派
真言　おん　ばざら　たらま　きりく　そわか

御詠歌▼聞《き》くならく千手《せんじゅ》の誓《ちか》い不思議《ふしぎ》には　大磐石《だいばんじゃく》も軽《かろ》くあげ石《いし》

住所：西予市宇和町明石201
電話：0894-62-0032
交通：JR予讃線卯之町駅から徒歩30分
宿坊：あり

第44番

菅生山《すごうさん》 大《だい》寶《ほう》寺《じ》

室町時代作の仁王像が迎える 老樹に包まれて深閑と建つ霊場

樹齢を重ねた老杉が茂り、昼でも暗い山の中にひっそりとたたずむ寺。古寺の趣をたっぷり満喫することができる。木立の中に続く参道を進んでまず目に飛び込んでくるのが、古色蒼然とした堂々たる仁王門。享徳４（１４５５）年に越前の仏師によって彫られた仁王像を安置し、信者から奉納されたという大わらじにも目を見張らされる。

大宝元（７０１）年に百済から来日した僧がここに庵を結び、十一面観音を安置したのが大宝寺の始まりと伝わる。その後は文武天皇の勅願によって堂宇が建立されたが、仁平２（１１５２）年に焼失。保元元（１１５６）年には、後白河天皇の勅願寺にもなった。境内の一角には種田山頭火の「朝まいりはわたくし　一人の銀杏ちりしく」の句碑がある。

↑仁王門から石段を上がって境内へ向かう。山中の古刹の雰囲気が漂い、敬虔な気持ちに

↑参拝者を見守るように立つ観音像。境内は紅葉の名所としても知られている

←本堂の右側にある大師堂は総桧造りの堂々たる建築。昭和59年に再建された

←仁王門には見上げるほど大きなわらじが奉納されている。100年に一度取り替えられる

本尊▼十一面観世音菩薩
開基▼明神右京・隼人　宗派▼真言宗豊山派
真言▼おん　まか　きゃろにきゃ　そわか

御詠歌▼今《いま》の世《よ》は大悲《だいひ》の恵《めぐ》み菅生山《すごうさん》　ついには弥陀《みだ》の誓《ちか》いをぞ待《ま》つ

住所：上浮穴郡久万高原町菅生1173
電話：0892-21-0044
交通：JR予讃線松山駅から落出駅行きバス1時間10分、久万中学校前下車、徒歩20分
宿坊：あり（4000円〜）

第45番

海岸山《かいがんざん》 岩《いわ》屋《や》寺《じ》

深山幽谷の神秘的な霊場 巨大な岩に抱かれた堂が並ぶ

岩屋寺橋を渡った先にある駐車場から、両側に鬱蒼と木々が茂る参道を延々と歩く。山門を抜け、苔むした石仏に手を合わせながら石段を上ってようやく諸堂が見えてくるという深山幽谷の中に建つ古刹である。せり出した岩に抱かれるようにしてお堂が並ぶその迫力ある景観は、思わず足の疲れすら忘れてしまうほどだ。

ここで修行していた法華仙人から山をもらい受けた弘法大師が木と石で不動明王を刻み、木像は本尊として本堂に、石像は山に封じて山全体を本尊にまつったのが岩屋寺の創建と伝わっている。裏山には険しい山道を歩き、鎖やはしごをつたって岩を上る逼割《せりわり》禅定もある。

↑岩に守られるように建つ本堂。右奥のハシゴを上ると法華仙人堂跡へいける

←弘法大師が掘ったとされる穴禅定。暗闇を20mほど進むと「独鈷の霊水」が湧いている

←境内から見える景色はどこまでも連なる山並み。いかにも霊場らしい気分に浸れる

↑法華仙人堂跡からの眺め。弘法大師の時代からさほど変わっていないような感覚だ

本尊▼不動明王
開基▼弘法大師
宗派▼真言宗豊山派
真言▼のうまく さんまんだ ばざらだん せんだ まかろしゃだ そわたや うん たらた かんまん

御詠歌▼大聖《だいしょう》の祈《いの》る力《ちから》のげに岩屋《いわや》 石《いし》の中《なか》にも極楽《ごくらく》ぞある

住所：上浮穴郡久万高原町七鳥1468
電話：0892-57-0417
交通：JR予讃線松山駅から久万行きバス1時間10分、終点で乗り換え面河行きバス25分、岩屋寺前下車、徒歩20分
宿坊：あり(休業中)

第46番

医王山《いおうざん》 浄瑠璃寺《じょうるりじ》

草花を愛でる清楚な古刹 行基が天平時代に創建

土塀に囲まれた境内はたくさんの草花が植えられ、人知れず咲く可憐な野の花に心が和む。江戸時代再建の本堂と大師堂のまわりには、ビャクシンの大木や仏足石、仏手石、さらに仏手指紋石など、さまざまなご利益スポットが点在している。

本尊▼薬師如来
宗派▼真言宗豊山派
開基▼行基
真言▼おん　ころころ　せんだり　まとうぎ　そわか

御詠歌▼極楽《ごくらく》の浄瑠璃世界《じょうるりせかい》たくらえば　受《う》くる苦楽《くらく》は報《むく》いならまし

↓仏様の指紋といわれる仏手指紋石（左下）と仏足石（右下）。健脚や文筆達成にご利益がある

住所：松山市浄瑠璃町282
電話：089-963-0279
交通：JR予讃線松山駅から丹波・久谷行きバス47分、浄瑠璃寺前下車、徒歩3分
宿坊：なし

第47番

熊野山《くまのざん》 八坂寺《やさかじ》

文武天皇の勅願寺として創建 明るく広い開放的な境内

46番浄瑠璃寺から歩いて15分のところにある八坂寺。砂利を敷き詰めた境内は明るく広々としていて、清々しい印象を受ける。鉄筋コンクリートの重厚な本堂が中央高台に建ち、その左側に大師堂がある。本堂にまつられている本尊阿弥陀如来像は50年に一度しか開帳されない秘仏。

本尊▼阿弥陀如来
宗派▼真言宗醍醐派
開基▼役行者小角
真言▼おん　あみりた　ていせい　からうん

御詠歌▼花《はな》を見《み》て歌詠《うたよ》む人《ひと》は八坂寺《やさかでら》　三仏《さんぶつ》じょうの縁《えん》とこそ聞《き》け

↓鮮やかな山門の天井画（左下）、トンネル内に極楽と地獄が描かれた閻魔堂（右下）

住所：松山市浄瑠璃町八坂773
電話：089-963-0271
交通：JR予讃線松山駅から丹波・久谷行きバス45分、八坂寺前下車、徒歩3分
宿坊：なし

第48番

清滝山《せいりゅうざん》 西《さい》林《りん》寺《じ》

正岡子規の句碑もある名水百選が湧く清楚な寺

のどかな田園の中にあり、境内へは小川にかかった太鼓橋を渡っていく。お遍路にとって橋の上で金剛杖をつくのはタブーなので、注意したいところだ。

天平13（741）年に行基が十一面観音を安置して創建したのが始まり。大同2（807）年には弘法大師が逗留し、当時の国司だった越智実勝とともに伽藍を再興し、四国霊場に定めたといわれている。石畳が敷かれた清楚な境内では、鯉が泳ぐ池にまつられている一願地蔵が日を引く。ここに祈願すると一つだけ願い事を叶えてくれるというありがたいお地蔵様だ。また、寺から300mほど離れた奥の院には、大師ゆかりの名水が湧いている。

↑優美な太鼓橋を渡ったところに仁王門が建つ。罪人がくぐると地獄に落ちるといわれる門

←災難除けや厄除けに霊験あらたかといわれる土大師。屋根に守られ、大切に保護されている

←「秋風や高井のていれぎ三津の鯛」と書かれた正岡子規の句碑は仁王門の脇にある

↑本尊の十一面観音がまつられている本堂

本尊▼十一面観世音菩薩
開基▼行基
宗派▼真言宗豊山派
真言▼おん　まか　きゃろにきゃ　そわか
御詠歌▼弥陀仏《みだぶつ》の世界《せかい》を訪《たず》ね行《ゆ》きたくば　西《にし》の林《はやし》の寺《てら》に詣《まい》れよ

住所：松山市高井町1007
電話：089-975-0319
交通：伊予鉄道久米駅から森松行きバス15分、西林寺前下車、徒歩すぐ
宿坊：なし

第49番

西林山《さいりんざん》 浄土寺《じょうどじ》

空也上人が滞在した風格漂う本堂

空也谷という地名でも想像できるように、かつて市聖《いちのひじり》とも呼ばれた空也上人が草庵を結んで修行した場所。口から「南無阿弥陀仏」を表わす6体の阿弥陀如来を出す空也像は、京都の六波羅蜜寺が有名だが、同じ姿の像が浄土寺にも伝わっている。本尊釈迦如来像とともに秘仏として大切にされている。

本尊▼釈迦如来
宗派▼真言宗豊山派
開基▼恵明上人
真言▼のうまく　さんまんだ　ぼだなん　ばく

御詠歌▼十悪《じゅうあく》の我《わ》が身《み》を棄《す》てずそのままに　浄土《じょうど》の寺《てら》へまいりこそすれ

↑室町時代に再建された本堂は和様と唐様が折衷した造り。国の重要文化財に指定

←正岡子規が空也を思って詠んだ句。「霜月の空也は骨に生きにける」が刻まれている

住所：松山市鷹子1198
電話：089-975-1730
交通：伊予鉄道久米駅下車、徒歩5分
宿坊：なし

第50番

東山《ひがしやま》 繁多寺《はんたじ》

松山城まで一望できる眺望も楽しめる古刹

松山市郊外の淡路山中腹に位置し、境内からは市街や松山城を望むことができる。大きな屋根を持った唐様の本堂を始め、こんもりとした緑に覆われた大師堂、見事な天井画が美しい鐘つき堂などが建つ。徳川4代将軍家綱の念持仏をまつる歓喜天堂は厄除けや商売繁盛、合格祈願に霊験あらたか。

本尊▼薬師如来
宗派▼真言宗豊山派
開基▼行基
真言▼おん　ころころ　せんだり　まとうぎ　そわか

御詠歌▼よろずこそ繁多《はんた》なりとも怠《おこた》らず　諸病《しょびょう》なかれと望《のぞ》み祈《いの》れよ

↑本堂と並び建つ大師堂。こんもり茂る木々に埋もれるように建つ風情が古刹らしい

←元禄時代に鋳造された梵鐘がかかる鐘つき堂。「二十四孝」を題材にした天井画も必見

住所：松山市畑寺町32
電話：089-975-0910
交通：伊予鉄道久米駅下車、徒歩15分
宿坊：なし

第51番

熊野山《くまのざん》

石《いし》手《て》寺《じ》

広い境内に堂塔が点在 道後温泉にも近い名刹

お遍路さんはもちろん、信仰心の厚い地元の人や観光客も多く参拝に訪れている名刹。屋根の付いた回廊式の参道には仏具屋やみやげ店、甘味処などが並び、四国霊場の中でも随一のにぎわいを見せている。

神亀5（728）年に聖武天皇の勅願によって伊予の太守越智玉純が堂宇を建立。当初は法相宗の安養寺という名だったが、寛平4（892）年に石手寺と改称された。国宝の仁王門を始め、鎌倉時代建立の本堂と三重塔、室町建築の護摩堂、鐘楼（いずれも重要文化財）など、広大な境内は名建築の宝庫だ。宝物館では寺名の由来になった衛門三郎ゆかりの小石など貴重な寺宝を拝観できる。

↑鎌倉時代建立の本堂へ向かう石段には大きな五鈷が輝いている。境内は古建築の宝庫

↑衛門三郎の伝説にちなんだ再生の石は子宝の石としても有名（左上）。たえず身につけていると元気が蘇るといわれている

↑均整のとれた姿に目を奪われる三重塔。道後温泉が近いため境内はいつもにぎやか

本尊▼薬師如来
開基▼行基
宗派▼真言宗豊山派
真言▼おん　ころころ　せんだり　まとうぎ　そわか

御詠歌▼西方《さいほう》をよそとは見《み》まじ安養《あんよう》の　寺《てら》に詣《まい》りて受《う》くる十楽《じゅうらく》

住所：松山市石手2-9-21
電話：089-977-0870
交通：伊予鉄道松山市駅から奥道後方面行きバス20分、石手寺前下車、徒歩すぐ
宿坊：なし

第52番

瀧雲山《りゅううんざん》
太山寺《たいさんじ》

風情豊かな参道を歩き見どころ豊富な境内へ

松山市郊外の経ヶ森山中腹にある古刹。山麓の道路に一の門があり、さらに進むと重要文化財指定の仁王門がある。仁王門の先から納経所の横を通り、杉の古木が鬱蒼と茂る参道を奥へ歩いていくとようやく諸堂が並ぶ境内に入る。

正面に建つ国宝の本堂は四国霊場でも1、2を争う名建築で、建立は鎌倉時代末期の嘉元3（1305）年。堂内には本尊十一面観音を含めて7体の観音像を安置し、そのすべてが国の重要文化財に指定されている。

そのほか、法隆寺夢殿を模した聖徳太子堂、見事な地獄絵が描かれた鐘楼堂、力くらべの亀石など見どころが多い。

↑坂道や石段を歩いてようやく境内にたどりつく。石段上では金剛力士像を安置する仁王門が迎えてくれる

↑7体の重文仏を安置する国宝の本堂。仏像はいずれも秘仏なので拝観はできない

←鐘楼堂の内部に描かれた地獄絵はリアルな表現が見もの。格子越しに拝観できる

本尊▼十一面観世音菩薩
開基▼真野長者
宗派▼真言宗智山派
真言▼おん　まか　きゃろにきゃ　そわか

御詠歌▼太山《たいさん》へ登《のぼ》れば汗《あせ》の出《い》でけれど　後《のち》の世《よ》思《おも》へば何《なん》の苦《く》もなし

住所：松山市太山寺町1730
電話：089-978-0329
交通：JR予讃線伊予和気駅から徒歩30分
宿坊：なし

第53番

須賀山《すがさん》
円明寺《えんみょうじ》

四国霊場最古の納め札やキリシタン灯籠が見もの

天平勝宝元（７４９）年、聖武天皇の勅願を受けた行基が阿弥陀如来像をまつって開創。その後弘法大師が巡錫された折り、53番札所に定めた。当時は海岸に面した場所にあり、寺名も海岸山円明密寺と称したが、度重なる兵火によって焼失。元和元（１６１５）年に豪族・須賀重久によって今の場所に再興され、現在に至る。大正13年にはアメリカのスタール博士が本尊の厨子に打ちつけてある慶安３（１６５０）年の納め札を発見。破損のないものとしてはこれが日本最古の納め札といわれている。

本堂や大師堂、鐘楼、観音堂が整然と並ぶ境内は庶民的な雰囲気が漂う。本堂内の巨大な龍の彫り物も必見だ。

↑町中に広がる境内ではお遍路のほかに地元の参拝者も多く見かける。庶民的な雰囲気

←山門から本堂まで一直線に参道が続いている。境内を囲む塀がないのも特徴だ

←山門の横で隠れるように立つキリシタン灯籠。風化が激しいが、マリア像が刻まれているのがわかる

↑色彩豊かな草花の天井画に目を引かれる大師堂

本尊▼阿弥陀如来
開基▼行基
宗派▼真言宗智山派
真言▼おん　あみりた　ていせい　からうん

御詠歌▼来迎《らいこう》の弥陀《みだ》の光《ひかり》の円明寺《えんみょうじ》　照《て》りそう影《かげ》はよなよなの月《つき》

住所：松山市和気町1-182
電話：089-978-1129
交通：JR予讃線伊予和気駅から徒歩3分
宿坊：なし

第54番

近見山《ちかみざん》 延《えん》命《めい》寺《じ》

のどかな山里にある「阿方のえんめいさん」

なだらかな山容を見せる近見山の麓、のどかな風景広がる山里に建つ天平年間（７２９～７４９）創建の古刹。行基が不動明王を刻んで近見山の山頂に建立したのが始まりで、のちに嵯峨天皇の勅命を受けた弘法大師が学問の中心道場にするべく伽藍を整えた。今の場所には享保12（１７２７）年に移転、再建された。

地元で「阿方のえんめいさん」と呼び親しまれる本堂は、昭和4年の再建。堂内には宝冠を頭にのせた本尊不動明王坐像を安置している。

また、山門は戦国時代の武将で今治藩主だった藤堂高虎が手がけた今治城城門を移築したもの。総ケヤキ造りの堂々たる門だ。

↑立派な唐破風が威風堂々とした本堂は昭和4年の再建。大師堂はここから一段高みにある

↑山門から本堂へ続く参道には納経所のほか、遍路用品を販売する売店もある

←今治城の城門を移築した山門。大きくはないが、総ケヤキ造りの堂々たる構え

←享保の大飢饉で農民を餓死から救った庄屋・越智孫兵衛の供養塔。8月には慰霊祭も行われている

本尊▼不動明王
開基▼行基
宗派▼真言宗豊山派
真言▼のうまく　さんまんだ　ばざらだん　せんだ　まかろしゃだ　そわたや　うん　たらた　かんまん

御詠歌▼くもりなき鏡《かがみ》の縁《えん》とながむれば　残《のこ》さず影《かげ》をうつすものかな

住所：今治市阿方甲636
電話：0898-22-5696
交通：JR予讃線今治駅から菊間行きバス9分、阿方下車、徒歩10分
宿坊：なし

第55番

別宮山《べっくさん》
南光坊《なんこうぼう》

四天王をまつる豪壮な山門 今治市街の中心に位置

明治の初めまでは隣接する大山祇神社の別当寺だった古刹。大山祇神社は約１３００年前に瀬戸内海の大三島に創建されたが、海を渡らないと参拝できないため和銅5（７１２）年に別宮を現在地に勧請した。その際、別当寺として8坊も一緒に移転したが、南光坊はそのうちの一つである。

四天王を安置する立派な山門から入った境内は、公園のように広く明るい。大山祇神社の本地仏である大通智勝如来を安置する本堂は戦後の再建。その斜め向かいには大正5年に建てられた大師堂が建っている。屋根に相輪塔をのせた優美な建築の大師堂は「別宮のお大師さん」と呼び親しまれている。

↑大正建築の大師堂は戦火を免れて美しいたたずまいを今に伝えている

←山門から境内に入って左手にある筆塚。文筆上達を願う人たちに信仰されている

←本堂の前にぽつんとたたずむ松尾芭蕉の句碑。朽ちかけた石碑が歴史を物語っている

↑四国霊場の中で「坊」と呼ばれるのは南光坊だけ。壮大な仁王門が町中に建つ

本尊▼大通智勝如来
開基▼行基
宗派▼真言宗醍醐派
真言▼おん　あびらうんけん　ばざら　だとばん

御詠歌▼このところ三島《みしま》に夢《ゆめ》のさめぬれば　別宮《べっく》とてもおなじ垂迹《すいじゃく》

住所：今治市別宮町3-1
電話：0898-22-2916
交通：JR予讃線今治駅から徒歩10分
宿坊：なし

第56番

金輪山《きんりんざん》
泰山寺《たいさんじ》

川の氾濫から民衆を救った弘法大師ゆかりの霊場

泰山寺の近くを流れる蒼社川《そうじゃ》はその昔しばしば氾濫して人命を奪い、人々から「人取川」と恐れられた。巡錫中だった弘法大師は村人たちと堤防を建設し、土砂加持の秘法を七座厳修したところ、その満願の日に延命地蔵が現れた。その像を大師が刻み、建立されたのが泰山寺といわれている。

本尊▼地蔵菩薩
開基▼弘法大師
宗派▼真言宗醍醐派
真言▼おん　かかかび　さんまえい　そわか

御詠歌▼みな人《ひと》の詣《まい》りてやがて泰山寺《たいさんじ》　来世《らいせ》の引導《いんどう》たのみおきつつ

↑こぢんまりとした大師堂は昭和60年に建立された。近くには遍路姿の大師像が立つ

←弘法大師が寺を建立した時に植えたと伝わる不忘松。一度枯れたために株分けされた木が育っている

住所：今治市小泉1-9-18
電話：0898-22-5959
交通：JR予讃線今治駅から鈍川行きバス8分、小泉下車、徒歩8分
宿坊：あり（6000円～）

第57番

府頭山《ふとうざん》
栄福寺《えいふくじ》

病気平癒の祈願者でにぎわう古刹の趣いっぱいの寺

石清水八幡宮と同じ山に本堂や大師堂が建つ、古寺の風情あふれる札所。本堂の回廊に展示されている箱車は、足の不自由な少年が四国遍路した時、この寺で足の病が治り歩けるようになった記念の奉納品。この話にあやかって病気平癒を祈願する人が後を絶たない。

本尊▼阿弥陀如来
開基▼弘法大師
宗派▼高野山真言宗
真言▼おん　あみりた　ていせい　からうん

御詠歌▼この世《よ》には弓矢《ゆみや》を守《まも》る八幡《やはた》なり　来世《らいせ》は人《ひと》を救《すく》う弥陀仏《みだぶつ》

↑本堂と大師堂は回廊で結ばれている。大師堂の外回りに施された十二支の彫刻にも注目

住所：今治市玉川町八幡甲200
電話：0898-55-2432
交通：JR予讃線今治駅からタクシーで約15分
宿坊：なし

第58番

作礼山《されいざん》 仙《せん》遊《ゆう》寺《じ》

瀬戸内海まで見渡せる 抜群の眺望が疲れを忘れさせる

海抜300mの作礼山の山頂にあり、お遍路は麓から九十九折の急坂を上っていかなければならない。途中、仁王門の近くには弘法大師がこの水を使って村人たちの病を治したといわれる大師の加持水が湧いているので、ここで一息つきたいところ。本堂の裏手にある宿坊には展望抜群の足湯も用意されていて、特に歩き遍路にとってはありがたい限りだ。

寺の創建は古く、天智天皇の勅願を受けた国主・越智守興が堂宇を建立したのが始まり。本堂には、海から現れた竜女が一刀三礼して刻んだと伝わる千手観音像を本尊としてまつっている。眺望抜群の境内は木々が濃く、特に秋の紅葉がすばらしい。

↑木々に隠れるように建つ大師堂はひっそりとしたたたずまいで迎えてくれる

←駐車場から境内へ向かう途中、ずらりと並んだ千体地蔵。それぞれ表情が異なる

←仁王門から境内へ続く山道の途中にある大師の加持水は今もこんこんと湧いている

↑まだ新しい仁王門に安置されている金剛力士像は筋肉隆々の力強い姿で邪気を払う

本尊▼千手観世音菩薩
開基▼越智守興
宗派▼高野山真言宗
真言▼おん　ばざら　たらま　きりく

御詠歌▼立《た》ち寄《よ》りて作礼《されい》の堂《どう》に休《やす》みつつ　六字《ろくじ》を唱《とな》え経《きょう》を読《よ》むべし

住所：今治市玉川町別所甲483
電話：0898-55-2141
交通：JR予讃線今治駅から鈍川行きバス12分、大須木下車、徒歩1時間
宿坊：あり（5800円～）

第59番

金光山《こんこうざん》 国《こく》分《ぶん》寺《じ》

唐子山の麓に静かに建つ 旧国分寺の遺跡も必見

天平13（741）年に聖武天皇が全国に建立した国分寺の一つで、唐子山の麓に田畑に囲まれて諸堂を並べている。創建当初は七堂伽藍を備えた豪壮な造りだったが、藤原純友の乱や源平の合戦など度重なる兵火によって何度も焼失と再建を繰り返してきた。

↑聖武天皇の創建当初はここから100m東に建っていた。現在その場所は史跡に指定されている

現在の本堂は寛政元（1789）年に恵光上人が再建したもので、秘仏の本尊薬師如来像や日光・月光菩薩、十二神将が安置されている。

境内から100mほど離れたところには旧国分寺の遺跡があり、発掘された七重塔の礎石を見ることができる。かつての壮麗な建築群が偲べるので、ぜひ立ち寄ってみたい。

↑体の痛い部分をさすりながら壺に触れ、ご真言を唱えると痛みが治まるといわれている

←握手をして心願成就を祈る握手修行大師。一つだけ願い事を叶えてくれると伝わっている

←旧国分寺遺跡に残る七重塔の礎石群。境内からすぐの場所なのでぜひ立ち寄りたい

本尊▼薬師如来
開基▼行基
宗派▼真言律宗
真言▼おん　ころころ　せんだり　まとうぎ　そわか

御詠歌▼守護《しゅご》のため建《た》ててあがむる国分寺《こくぶんじ》　いよいよ恵《めぐ》む薬師《やくし》なりけり

住所：今治市国分4-1-33
電話：0898-48-0533
交通：JR予讃線今治駅から桜井団地行きバス25分、国分寺下車、徒歩すぐ
宿坊：なし

第60番

石鉄山《いしづちさん》 横峰寺《よこみねじ》

西日本最高峰の石鎚山にまつられた深山の札所

標高１９８２ｍの石鎚山系中腹にある霊場で、車の場合は麓から有料の林道を走ってアプローチする。参拝専用のマイクロバスも運行しているので、車以外のお遍路にも便利だ。山上の駐車場からは約５００ｍの裏参道が聖天堂、大師堂、本堂へ導いてくれる。

↑見事な紅葉と山の冷気に包まれた大師堂。湿気から堂内を守る高床式の造りが独特だ

↑かつての遍路道に建っている仁王門は林道から境内に入ると通らないところにある

←石楠花が美しい境内に並ぶ石仏がいい風情。本堂へ道案内をしてくれているよう

←横峰寺の氏神をまつる妻白大明神は山道の途中にある。商売繁盛・家運隆昌にご利益がある

白雉２（６５１）年、役行者小角がこの地で蔵王権現を感得し、その姿を石楠花の木に刻んで開いたのが横峰寺の創建。後に弘法大師が星供養の秘法を修めた際、その結願の日に役行者と同じく蔵王権現を感得。霊山として、60番霊場に定めたといわれている。無数の石楠花が植えられた境内は、夏でも涼しく深山幽谷の趣。凛とした空気に包まれている。

本尊▼大日如来
開基▼役行者小角
宗派▼真言宗御室派
真言▼おん　あびらうんけん　ばざら　だどばん

御詠歌▼たて横《よこ》に峰《みね》や山辺《やまべ》に寺《てら》建《た》てて　あまねく人《ひと》を救《すく》うものかな

住所：西条市小松町石鎚甲2253
電話：0897-59-0142
交通：JR予讃線伊予西条駅から石鎚ロープウェイ行きバス27分、横峰登山口下車、専用バスで30分、下車徒歩10分
宿坊：なし

第61番

梅檀山《せんだんさん》 香園寺《こうおんじ》

ほかの霊場とは一風異なるモダンな本堂が迎えてくれる

広大な境内に入ると、正面に建つ近代的なビル建築の本堂に誰もが驚く。1階が大講堂、2階が本堂と大師堂になっている。そのモダンなたたずまいとは裏腹に歴史は古く、聖徳太子が父である用明天皇の病気平癒を祈願して創建。境内には弘法大師ゆかりの子安大師がまつられ、妊婦の信仰が厚い。

本尊▼大日如来　宗派▼真言宗御室派
開基▼聖徳太子　真言▼おん　あびらうんけん　ばざら　だどばん
御詠歌▼後《のち》の世《よ》を思《おも》えば詣《まい》れ香園寺《こうおんじ》　止《と》めて止《と》まらぬ白滝《しらたき》の水《みず》

↑大聖堂の2階に安置されている本尊大日如来像はまばゆい光を放っている

住所：西条市小松町南川甲19
電話：0898-72-3861
交通：JR予讃線伊予小松駅から徒歩30分
宿坊：あり（6000円～）

第62番

天養山《てんようざん》 宝寿寺《ほうじゅじ》

国道に面してひっそり建つこぢんまりした庶民的な寺

聖武天皇が諸国に建立した一の宮の一つ、伊予国一の宮のご法楽所として建立された古刹で、当初は金剛宝寺と称していた。大同年間（806～810）に弘法大師が訪れ、光明皇后の姿を模した十一面観音を刻んで本尊とし、62番札所に定めた。境内には安産観音や一宮稲荷もまつられている。

本尊▼十一面観世音菩薩　宗派▼高野山真言宗
開基▼聖武天皇　真言▼おん　まか　きゃろにきゃ　そわか
御詠歌▼さみだれのあとに出《い》でたる玉《たま》の井《い》は　白坪《しらつぼ》なるや一《いち》の宮《みや》かは

↑現在の本堂は以前は大師堂だったもの。秘仏の本尊十一面観音像をまつっている

←国道に面した小さな境内に本堂と大師堂が整然と建っている静かなお寺だ

住所：西条市小松町新屋敷甲428
電話：0898-72-2210
交通：JR予讃線伊予小松駅から徒歩すぐ
宿坊：なし

第63番

密教山《みっきょうざん》

吉祥寺《きちじょうじ》

四国霊場で唯一の本尊毘沙聞天は福徳・現世利益をもたらす仏

62番宝寿寺と同じく国道11号に面して建つ札所で、四国霊場では唯一毘沙聞天を本尊にまつっている。寺伝によれば、弘法大師がこの地で金色に輝く桧を発見した。

大師はその木で毘沙聞天と脇侍の吉祥天、善尼師童子を刻み、一宇を建立して霊場に定めたといわれている。

こぢんまりとした境内は、正面に本堂、左に大師堂が建つ。像の下をくぐるとご利益があるとされるくぐり吉祥天女像や、目隠しをして金剛杖を穴に通せれば願い事が叶うという成就石もある。

↑間口が広く、のびやかな印象を与える本堂には珍しい毘沙聞天像がまつられている

←目隠しして見事金剛杖が穴に通れば願いが叶うといわれる成就石

←あらゆる貧困から救ってくれるというくぐり吉祥天女像。不況の世を救ってほしい

↑堂々とした仁王門の奥に境内がある

本尊▼毘沙聞天
開基▼弘法大師
宗派▼真言宗東寺派
真言▼おん　べい　しらまんだや　そわか
御詠歌▼身《み》の内《うち》の悪《あ》しき悲報《ひほう》を打《う》ち捨《す》てて　みな吉祥《きちじょう》を望《のぞ》み祈《いの》れよ

住所：西条市氷見乙1048
電話：0897-57-8863
交通：JR予讃線伊予氷見駅から徒歩2分
宿坊：なし

第64番

石鉄山《いしづちさん》 前神寺《まえがみじ》

霊峰石鎚山の麓に建つ役行者が開いた修験道場

奈良時代初めに役行者小角が修験道の中心道場として開いたと伝わる古寺。この寺に病気平癒を祈って快癒したといわれる桓武天皇を始め、文徳天皇や高倉天皇、後鳥羽天皇など各時代の天皇が厚く帰依したことでも知られている。

広い境内は老杉に包まれた参道を始め緑が多く、中でも4月に咲く桜や11月の紅葉の美しさは格別である。

境内に入ってすぐの大師堂から浄土橋を渡って本堂へ行く途中には、かつて滝行が行われていた「御滝不動尊」がまつられている。ここに1円玉を投げ、石壁に張り付くとご利益があるとか。境内最奥にある本堂は入母屋造りの重厚な建築が印象的。阿弥陀如来像を本尊にまつっている。

↑歴代天皇からも信仰を集めた名刹。方形造りの大師堂には弘法大師像を安置している

↑古い灯籠が並び、古木が茂る境内は深閑とした趣に包まれている。桜の季節がいい

↑一枚石に刻まれた大師像（右）や薬師堂（左）など境内にはたくさんのお堂が建つ

本尊▼阿弥陀如来
開基▼役行者小角
宗派▼真言宗石鉄派
真言▼おん　あみりた　ていせい　からうん

御詠歌▼前《まえ》は神《かみ》うしろは仏極楽《ほとけごくらく》の　よろずの罪《つみ》をくだく石鉄《いしづち》

住所：西条市洲之内甲1426
電話：0897-56-6995
交通：JR予讃線石鎚山駅から徒歩10分
宿坊：なし

第65番

由霊山《ゆれいざん》

三《さん》角《かく》寺《じ》

伊予最後の霊場は子授け観音をまつる桜の名所

三角寺山の中腹にあり、周囲を木々に包まれた自然豊かな環境に伽藍が並んでいる。駐車場から72段の石段を上がったところに鐘楼が下がる仁王門があり、参拝者はこれを一撞きしてから境内へ。子授け・安産に霊験ありとされる本尊十一面観音をまつる本堂が左手奥に建ち、さらにそこから一段高みに大師堂、大きな延命地蔵尊像が建っている。

聖武天皇の勅願を受けた行基が開き、弘仁6（815）年に弘法大師が十一面観音をまつって四国霊場に定めた。一時は嵯峨天皇に庇護され、七堂伽藍を備えるほど栄えたともいわれている。桜の名所として人気があり、4月は花見客で大いににぎわう。

↑昔から安産や子育ての仏様として信仰される十一面観音像をまつる本堂

←本堂からさらに高台にある大師堂は簡素な造り。紅葉や桜が美しい

←真ん中に鐘が吊られている珍しい造りの仁王門。鐘を撞いてから境内へ

↑72段の石段を上がったところが境内。大師の教えを唱えながら一歩ずつ上りたい

本尊▼十一面観世音菩薩
開基▼行基
宗派▼高野山真言宗
真言▼おん　まか　きゃろにきゃ　そわか

御詠歌▼おそろしや三《み》つの角《かど》にも入《い》るならば　心《こころ》をまろく慈悲《じひ》を念《ねん》ぜよ

住所：四国中央市金田町三角寺甲75
電話：0896-56-3065
交通：JR予讃線伊予三島駅から新宮行きバス23分、三角寺口下車、徒歩45分
宿坊：なし

遍路旅、ひと休み③

愛媛県の見どころ・味どころ

伊予15万石の城下町・松山を中心に歴史ある町並みが点在する愛媛。夏目漱石や正岡子規ゆかりの文学の町らしい静かな風情が漂う。

鯛めし
生卵をといた特製のタレに鯛の刺身を入れ、豪快にご飯にかけて食べる漁師飯。ひゅうが飯ともいう

焼餅
51番札所石手寺の名物。しょうがの香り漂う生地でこし餡を包んで焼いた素朴な菓子だ

星加のゆべし
61番札所香園寺の近くにあるゆべしの老舗。江戸時代には西条藩主にも献上した銘菓

味 海の幸の郷土料理に舌鼓 歴史感じる菓子も豊富

宇和島沖でとれる鯛を使った鯛めしに代表されるように、海の幸を使った郷土料理が愛媛の味。瀬戸内海の魚を具に使った押し寿司や漁師汁など県内各地にさまざまな郷土料理が伝わっている。左党には小魚のすり身を天ぷらにしたじゃこ天がおすすめだ。

また、城下町ならではのお菓子も豊富。タルトやゆべし、坊ちゃん団子といった全国的にも有名な銘菓がそろい、おみやげには事欠かない。

見 松山城、道後温泉本館 歴史ロマンが漂う松山

観光の中心はやはり松山。文学の香り漂う情緒ある町はどこからでも松山城天守閣が望め、歴史のロマンを感じて歩くことができる。明治27（1894）年に建てられた道後温泉本館も松山のシンボルだ。夏目漱石や正岡子規、秋山真之も浸かった湯を楽しめる。小京都の風情漂う大洲や内子、闘牛が人気の宇和島へも足をのばしてみたい。

3層の城郭式木造建築の道後温泉本館と、可愛らしい坊ちゃん列車（左）。松山城とともに松山のシンボルになっている

第三章
四国八十八ヶ所 札所④

讃岐の札所

香川県
—涅槃の道場—

第66番 雲辺寺
～
第88番 大窪寺

第66番

巨鼇山《きょごうざん》
雲辺寺《うんぺんじ》

「涅槃の道場」の始まりはロープウェイで行く雲上の札所

讃岐の国最初の霊場・雲辺寺は香川と徳島の県境にそびえる雲辺寺山山頂にあり、住所としては徳島側に伽藍を配している。標高は927mもあり、老杉に覆われたそのたたずまいから「四国高野」とも呼ばれる。四国霊場の中でも最高所にある古刹だ。

↑平成21年に完成したばかりの真新しい本堂。千手観世音菩薩像をまつる

かつては遍路転がしといわれる急勾配の山道を片道2時間かけて登ったが、今はロープウェイがわずか7分で連れて行ってくれる。

山岳霊場の趣が漂う山上の境内は広く、五百羅漢像がずらりと並ぶ参道を歩くだけで敬虔な気持ちが湧いてくる。本尊千手観音をまつる本堂は平成21年に完成したばかり。初夏にはアジサイが美しい。

↑麓から7分で標高900mの境内まで吊り上げてくれる雲辺寺ロープウェイ

↑願かけする人が多い「おたのみなす」

←その表情を見ているとあっという間に時間が経ってしまう五百羅漢像

本尊▼千手観世音菩薩
開基▼弘法大師
宗派▼真言宗御室派
真言▼おん　ばざら　たらま　きりく

御詠歌▼はるばると雲《くも》のほとりの寺《てら》に来《き》て　月日《つきひ》を今《いま》は麓《ふもと》にぞ見《み》る

住所：三好市池田町白地763-2
電話：0883-74-0066
交通：JR予讃線観音寺駅からタクシーで約30分、雲辺寺ロープウェイ乗り場
宿坊：なし

第67番

小松尾山《こまつおざん》 大《だい》興《こう》寺《じ》

樹齢1200年の巨樹が迎える 江戸初期の建築が並ぶ境内

田園が広がるのどかな風景の中にある静かな古刹。運慶作と伝わる四国最大の仁王像を安置する門をくぐると、100段近い石段が山上の境内へ導いてくれる。途中には樹齢1200年といわれるカヤと楠の巨樹が茂り、その迫力に圧倒されながら境内へ。

大興寺は真言宗の寺だが、かつては天台と真言の二大宗派に管理され、最盛期には真言宗24坊、天台宗12坊を有する巨大寺院だった。現在も本堂の右側に中国の天台宗の第三祖天台大師智顗《ちぎ》をまつる天台大師堂が建ち、その歴史を物語っている。本堂にまつられている本尊薬師如来像は弘法大師が刻んだ桧寄木造りの坐像。

↑長い石段を上がって境内に入ると正面に本堂がある。本尊は秘仏の薬師如来像

←ロウソクに願い事を書いて奉納すると7日間灯し続けて祈願成就を祈ってくれる

←境内の一角に立つ地蔵菩薩像は衆生をあらゆる苦難から救ってくれる仏様

↑石段の途中にある楠の巨樹。樹齢1200年以上といわれ、その大きさに圧倒される

本尊▼薬師如来
開基▼弘法大師
宗派▼真言宗善通寺派
真言▼おん　ころころ　せんだり　まとうぎ　そわか
御詠歌▼植《う》え置《お》きし小松尾寺《こまつおでら》を眺《なが》むれば　法《のり》の教《おし》えの風《かぜ》ぞ吹《ふ》きぬる

住所：三豊市山本町辻4209
電話：0875-63-2341
交通：JR予讃線観音寺駅からタクシーで25分
宿坊：なし

第68番

七宝山《しっぽうざん》

神《じん》恵《ね》院《いん》

2つの霊場が同じ境内に堂宇を並べる一寺二札所の珍しいたたずまい

琴弾山の中腹にあり、一つの境内に68番神恵院と69番観音寺がある珍しい霊場。納経所では2札所の納経が一緒にいただけ、厳しい道のりを歩いてきたお遍路にとっては何よりのご褒美といえる。神恵院の本堂は平成に新築された鉄筋コンクリート造りになっている。

本尊▼阿弥陀如来
宗派▼真言宗大覚寺派
開基▼日証上人
真言▼おん　あみりた　ていせい　からうん

御詠歌▼笛《ふえ》の音《ね》も松吹《まつふ》く風《かぜ》も琴弾《ことひ》くも　歌《うた》うも舞《ま》うも法《のり》のこえごえ

↑鉄筋コンクリートのモダンな建物の中にある本堂。以前の本堂は薬師堂になっている

←屋根がついた大師堂は雨天の日でも濡れずに参拝できるありがたい造りだ

住所：観音寺市八幡町1-2-7
電話：0875-25-3871
交通：JR予讃線観音寺駅から徒歩45分
宿坊：なし

第69番

七宝山《しっぽうざん》

観《かん》音《のん》寺《じ》

古色蒼然とした本堂は室町建築の重要文化財

創建は神恵院と同じで、大宝3（703）年に日証上人が創建した琴弾八幡宮の別当寺に始まる。大同年間（806～810）には弘法大師が7代目住職になり、聖観音像を刻んで本尊としてまつった。神恵院と打って変わって古建築が並び、古寺の風情が楽しめる。

本尊▼聖観世音菩薩
宗派▼真言宗大覚寺派
開基▼日証上人
真言▼おん　あろりきゃ　そわか

御詠歌▼観音《かんのん》の大悲《だいひ》の力強《ちからつよ》ければ　重《おも》き罪《つみ》をも引《ひ》き上《あ》げてたべ

↑室町時代の初期に建てられた本堂は国の重要文化財。簡素な造りが印象的だ

住所：観音寺市八幡町1-2-7
電話：0875-25-3871
交通：JR予讃線観音寺駅から徒歩45分
宿坊：なし

第70番

七宝山《しっぽうざん》 本山寺《もとやまじ》

田園に建つ五重塔が目印 弘法大師「一夜建立」の札所

69番から観音寺市街を抜け、川に沿って田園と住宅の間を進んでいくと本山寺のシンボルである五重塔が見えてくる。明治後期に当時の住職だった頼富実毅《よりとみじっき》上人が復興した塔である。この塔に代表されるように、本山寺境内は古建築の宝庫。久安3（1147）年建立の仁王門は国の重要文化財、正安2（1300）年建立の美しい本堂は国宝に指定されている。

本山寺は大同2（807）年、平城天皇の勅願によって弘法大師が一夜ほどの短期間で建立したと伝わり、以来「一夜建立」の寺と呼ばれてきた。本尊は四国霊場の中で唯一の馬頭観音をまつる。それにちなんでか、大師堂の近くには等身大の2頭の馬の像が仲良さそうに立っている。

↑今にも動き出しそうなほどリアルに作られている馬の像

←室町末期の様式を伝える鎮守堂。室町時代作の善女竜王像が安置されていた

←本山寺のシンボルになっている五重塔は明治43(1910)年の再建。均整のとれた姿が印象的

↑創建当初の貴重な建築物が点在する境内は広く開放的だ

本尊▼馬頭観世音菩薩
開基▼弘法大師
宗派▼高野山真言宗
真言▼おん　あみりとう　どはんば　うん　ぱった　そわか

御詠歌▼本山《もとやま》に誰《だれ》か植《う》えける花《はな》なれや　春《はる》こそ手折《たお》れ手向《たむ》けにぞなる

住所：三豊市豊中町本山甲1445
電話：0875-62-2007
交通：JR予讃線本山駅から徒歩15分
宿坊：なし

第71番

剣五山《けんござん》 弥谷寺《いやだにじ》

延々と続く石段は四国霊場有数の難所 修行の旅を痛感する信仰遺跡

古くから死者の魂が帰る仏の山といわれてきた弥谷山の南腹一帯に伽藍を並べる山岳霊場。歩き遍路の場合は仁王門から駐車場まで262段、車で駐車場まで来た場合でもそこから108段の石段を上がって大師堂にたどりつく。本堂へはさらに石段で170段。

↑岩壁にへばりつくように建つ本堂までは500段以上の石段を上る

道々には苔むした墓石や五輪塔、岩壁に刻まれた磨崖仏《まがいぶつ》があり、神秘的だ。

ここは7歳の弘法大師が苦行した寺。大同2（807）年、再び山に入った大師のもとに5本の剣が空から降ってきた。剣五山の山号はこの故事に由来している。戦国時代に兵火で焼かれたため、現在の伽藍は慶長5（1600）年に再建されたものと伝わる。

本尊▼千手観世音菩薩
開基▼行基
宗派▼真言宗善通寺派
真言▼おん　ばざら　たらま　きりく

御詠歌▼悪人《あくにん》と行連《ゆきつ》れなんも弥谷寺《いやだにじ》　ただかりそめもよき友《とも》ぞよき

↑7歳の弘法大師が修行したところと伝わる獅子の岩屋。獅子が口を開けたような造り

←大師堂から本堂へ向かう参道の途中に刻まれた阿弥陀三尊の磨崖仏

←古い梵鐘が置かれた十王堂。岩と木々に囲まれ、あたりには霊山の雰囲気が満ちている

住所：三豊市三野町大見乙70
電話：0875-72-3446
交通：JR予讃線詫間駅からふれあいパークみの行バス15分、終点ふれあいパークみの下車、徒歩20分
宿坊：なし

第72番

我拝師山《がはいしざん》 曼《まん》茶《だ》羅《ら》寺《じ》

弘法大師の祖先をまつる寺が前身 樹齢1200年の老松を刻んだ笠松大師

弘法大師の先祖である佐伯氏の氏寺として創建された世坂寺が前身。唐から帰国した大師が大日如来をまつり、曼茶羅を安置したことから曼茶羅寺と改めたといわれる。かつて四方に枝を伸ばす見事な笠松で知られたが、平成14年に枯死したため、その幹部に刻んだ大師像がまつられている。

本尊▼大日如来
開基▼弘法大師
宗派▼真言宗善通寺派
真言▼おん　あびらうんけん　ばざらだどばん

御詠歌▼わずかにも曼茶羅《まんだら》おがむ人《ひと》はただ　ふたたびみたびかえらざらまし

↓樹齢1200年の笠松で刻まれた笠松大師（右）。弘法大師手植と伝わる松は生き続ける

住所：善通寺市吉原町1380-1
電話：0877-63-0072
交通：JR土讃線善通寺駅からタクシーで10分
宿坊：なし

第73番

我拝師山《がはいしざん》 出《しゅっ》釈《しゃ》迦《か》寺《じ》

幼少の弘法大師が仏道入りを決心した讃岐平野一望の霊場

標高481mの我拝師山の足元に建つ古刹。幼少の弘法大師が山に登り、仏道に入ることを願って谷へ身を投げたところ、釈迦如来と天女が現れ、「一生成仏」の旨を告げたところといわれている。大師が投身した奥の院・捨身ヶ嶽禅定へは境内から徒歩約40分。本堂裏手の遥拝《ようはい》所からも参拝できる。

本尊▼釈迦如来
開基▼弘法大師
宗派▼真言宗御室派
真言▼のうまく　さんまんだ　ぼだなん　ばく

御詠歌▼迷《まよ》いぬる六道衆生救《ろくどうしゅじょうすく》わんと　尊《とう》き山《やま》にいずる釈迦寺《しゃかでら》

↑仏の道を志した弘法大師の伝説を伝える寺。聖地にふさわしい厳かな雰囲気

住所：善通寺市吉原町1091
電話：0877-63-0073
交通：JR土讃線善通寺駅からタクシーで15分
宿坊：なし

第74番

医王山《いおうざん》
甲山寺《こうやまじ》

白髪の翁のお告げを受けて大師が満濃池治水を祈願した旧蹟

弘法大師が善通寺と曼荼羅寺の中間に寺を建立しようと霊地を探していたところ甲山の麓で一人の翁に会い、「この場所に寺を建立すれば私がいつまでも守護しよう」と告げたという。大師は石で毘沙門天を刻み、山の岩窟に安置した。

その後、満濃《まんのう》池という大きな溜池が決壊した際、大師は朝廷から池を修築する別当に任じられ、わずか3ヶ月で完成させた。その功績によって贈られた報奨金で堂宇を建立し、甲山寺を創建したといわれている。甲山を背後に広がる境内には、大師が毘沙門天を安置した岩窟が今も残っている。大師に寺建立を暗示した翁が姿を現したという伝説の岩窟である。

↑本堂から石段を上がったところにある大師堂には、黒衣をまとった大師像を安置

←バスが何台も停められる広い駐車場に面した山門はまだ新しい

←大師堂の横にある岩窟には弘法大師が刻んだと伝わる毘沙門天像がまつられている

↑創建のきっかけとなった翁ゆかりの岩窟。大師の功徳にあやかろうと参拝者が多い

本尊▼薬師如来
開基▼弘法大師
宗派▼真言宗善通寺派
真言▼おん　ころころ　せんだり　まとうぎ　そわか

御詠歌▼十二神味方《じゅうにしんみかた》にもてる戦《いくさ》には　己《おの》れと心甲山《こころかぶとやま》かな

住所：善通寺市弘田町1765-1
電話：0877-63-0074
交通：JR土讃線善通寺駅から徒歩40分
宿坊：なし

第75番

五岳山《ごがくざん》 善《ぜん》通《つう》寺《じ》

大師信仰の聖地として知られる 弘法大師が誕生した善通寺派総本山

弘法大師生誕の地に建つ壮大な古刹で、和歌山の高野山、京都の東寺と並んで大師の三大霊跡に数えられている。唐から帰国した大師が先祖の菩提を弔うために建立し、真言密教の根本道場としたのが始まり。父（佐伯直田公善通）から荘田をもらい受けた大師は、唐の青龍寺の伽藍をそのまま再現しようとした。

広大な境内は中門を境に東院と西院に分かれ、東院には金堂（本堂）や五重塔が、西院には大師が生まれたとされる奥殿を始め、御影堂（大師堂）や宝物館が建っている。御影堂の地下では、暗闇の中を手探りで歩いて大師に参拝する戒壇巡りができる。

↑東院と呼ばれる境内に並ぶ五百羅漢像。1体ずつ表情や姿が異なっている

←東院と西院をつなぐ仁王門。ここから御影堂（大師堂）までは回廊が続いている

←金堂（本堂）の前に立つ子授け大師は幼子を抱いた姿が印象的。大師誕生の地にちなむ

↑壮大な建築の御影堂。この一部にある奥殿で大師は生まれたと伝えられている

本尊▼薬師如来
開基▼弘法大師
宗派▼真言宗善通寺派
真言▼おん　ころころ　せんだり　まとうぎ　そわか

御詠歌▼我《わ》れ住《す》まばよも消《き》え果《は》てじ善通寺《ぜんつうじ》　深《ふか》き誓《ちか》いの法《のり》のとも し火《び》

住所：善通寺市善通寺町3-3-1
電話：0877-62-0111
交通：JR土讃線善通寺駅から徒歩20分
宿坊：あり（5800円～）

第76番 鶏足山《けいそくざん》 金倉寺《こんぞうじ》

智証大師円珍の生誕地 広い境内に昭和建築の堂宇が並ぶ

天台寺門宗の宗祖・智証大師円珍が誕生した地にある古刹。宝亀5（774）年に円珍の祖父である和気道善が道善寺を建立、のちに醍醐天皇の勅命によって金倉寺に改められた。何度も兵火に遭い、現在の本堂は昭和の再建。金色に輝く大黒天や愚痴を聞いてくれるぐちききわらべが境内にある。

本尊▼薬師如来
開基▼和気道善
宗派▼天台寺門宗
真言▼おん　ころころ　せんだり　まとうぎ　そわか

御詠歌▼誠《まこと》にも神仏僧《しんぶつそう》を開《ひら》くれば　真言加持《しんごんかじ》の不思議《ふしぎ》なりけり

↘おみくじに付いている金箔を貼って願い事を唱えるというユニークな大黒天像

住所：善通寺市金蔵寺町1160
電話：0877-62-0845
交通：JR土讃線金蔵寺駅から徒歩5分
宿坊：なし

第77番 桑多山《そうたざん》 道隆寺《どうりゅうじ》

桑畑に建てられた札所は 桑の木で刻まれた本尊を安置

金倉寺を建立した和気道善の弟、和気道隆が自分の荘園内に建てたと伝わる寺。かつて桑畑だった場所で、夜な夜な光を放っていた桑の霊木で薬師如来を刻み、堂を建てて安置したのが始まりといわれている。本堂の左奥にまつられた眼なおし薬師は、全国から眼病平癒の祈願者が訪れている。

本尊▼薬師如来
開基▼和気道隆
宗派▼真言宗醍醐派
真言▼おん　ころころ　せんだり　まとうぎ　そわか

御詠歌▼願《ねが》いをば仏道隆《ぶつどうりゅう》に入《い》りはてて　菩提《ぼだい》の月《つき》を見《み》まくほしさに

↓眼なおし薬師をまつる潜徳院殿堂（右下）と優美な姿の多宝塔（左下）

住所：仲多度郡多度津町北鴨1-3-30
電話：0877-32-3577
交通：JR予讃線多度津駅から徒歩15分
宿坊：なし

第78番

仏光山《ぶっこうざん》 郷照寺《ごうしょうじ》

瀬戸大橋まで一望の好展望 庶民に親しまれる厄除うたづ大師

宇多津の南郊、青ノ山の山麓に建つ古刹で、境内からは宇多津の街並みと瀬戸大橋が見渡せる。行基が開創した後、弘法大師が自作の尊像を刻み、厄除け祈願をしたところから今でも「厄除うたづ大師」として親しまれている。四国霊場で唯一、時宗の寺である。

本尊▼阿弥陀如来
開基▼行基
宗派▼時宗
真言▼おん　あみりた　ていせい　からうん

御詠歌▼踊《おど》りはね念仏《ねんぶつ》唱《とな》う道場寺《どうじょうじ》　ひょうしをそろえ鉦《かね》を打《う》つなり

↑本堂や大師堂は色鮮やかな天井画で飾られている。本坊裏手の池泉庭園もお見逃しなく

住所：綾歌郡宇多津町1435
電話：0877-49-0710
交通：JR予讃線宇多津駅から徒歩20分
宿坊：なし

第79番

金華山《きんかざん》 天皇寺《てんのうじ》

白峰宮と境内が隣り合う 讃岐に配流された崇徳上皇の鎮座所

保元の乱によって讃岐に流された崇徳上皇がこの地で崩御された際、棺が安置された寺。後に二条天皇が上皇の菩提を弔って崇徳天皇社を建立し、天皇寺はその別当寺になった。現在、隣接している白峰宮がその崇徳天皇社。本尊十一面観音像は年に一度、8月の大般若法要の時だけ開帳される。

本尊▼十一面観世音菩薩
開基▼弘法大師
宗派▼真言宗御室派
真言▼おん　まか　きゃろにきゃ　そわか

御詠歌▼十楽《じゅうらく》の浮世《うきよ》の中《なか》をたずぬべし　天皇《てんのう》さえもさすらいぞある

↑江戸再建の本堂（上）と崇徳上皇をまつる白峰宮（下）が隣り合って建つ珍しい寺

←崇徳上皇の御霊を慰めるために建立された白峰宮

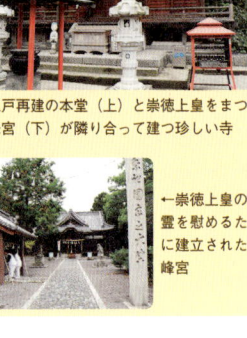

住所：坂出市西庄町天皇1713-2
電話：0877-46-3508
交通：JR予讃線八十場駅から徒歩3分
宿坊：なし

第80番

白牛山《はくぎゅうざん》
国《こ》分《くぶん》寺《じ》

見事な黒松が覆う境内に往時の繁栄を伝える史跡が点在

讃岐国分寺の歴史を今に伝える古刹。参道に沿って八十八ヶ所本尊の石仏が並ぶ境内には黒松が青々と茂り、悠久の歴史が感じられる。正面には鎌倉建築の本堂が建ち、その手前には国分寺旧金堂の礎石が33個も残っている。境内全域が史跡に指定されている。

本尊▼十一面千手観世音菩薩
開基▼行基
宗派▼真言宗御室派
真言▼おん　ばざら　たらま　きりく

御詠歌▼国《くに》を分《わ》け野山《のやま》をしのぎ寺々《てらでら》に　詣《まい》れる人《ひと》を助《たす》けましませ

↑竜のように枝を延ばした見事な松に守られる仁王門。境内にも黒松の巨木が茂る

住所：高松市国分寺町国分2065
電話：087-874-0033
交通：JR予讃線国分駅から徒歩5分
宿坊：なし

第81番

綾松山《りょうしょうざん》
白《し》峯《ろみ》寺《ねじ》

廟所と御陵がひっそりとある崇徳上皇ゆかりの古刹

標高３３７ｍの白峰山中腹に堂宇を並べる霊場。坂出で崩御された崇徳上皇が荼毘にふされたところで、境内奥には上皇の白峯御稜と廟所である頓証寺殿がある。本堂と大師堂は山門から１００段近い石段を上ったところにあり、その途中に阿弥陀堂、行者堂、薬師堂などの諸堂が点在している。

本尊▼千手観世音菩薩
開基▼弘法大師・智証大師
宗派▼真言宗御室派
真言▼おん　ばざら　たらま　きりく

御詠歌▼霜《しも》さむく露《つゆ》白妙《しろたえ》の寺《てら》のうち　御名《みな》を称《とな》うる法《のり》の声《こえ》ごえ

↑山上に伽藍を並べる大寺。11月中旬の紅葉シーズンには多くの参拝者でにぎわう

←崇徳上皇が眠る御陵へ通じる門は固く閉ざされたまま。悲運の上皇を物語るように寂しげ

住所：坂出市青海町2635
電話：0877-47-0305
交通：JR予讃線坂出駅から王越行きバス20分、高屋下車、徒歩1時間30分
宿坊：あり（3800円～）

第82番

青峰山《あおみねざん》

根香寺《ねごろじ》

牛鬼の伝説を今に伝える四季折々に美しい山寺

白峰に隣り合う青峰にあり、深い緑に覆われたたたずまいは深山幽谷の趣。仁王門から本堂にいたる石段はカエデの老樹に包まれ、秋の美しさは格別だ。本堂に安置された本尊千手観音像は国の重要文化財で、33年に一度開帳される。本堂へつながる回廊に並ぶ3万体の観音像が見もの。

本尊▼千手観世音菩薩
開基▼弘法大師・智証大師
宗派▼天台宗
真言▼おん　ばさらま　きりく　そわか

御詠歌▼宵のまの妙《たえ》ふる霜《しも》の消《き》えぬれば　あとこそ鉦《かね》の勤行《ごんぎょう》の声《こえ》

↓寺に伝わる牛鬼伝説をモチーフにした牛鬼像は駐車場の奥に立っている（右）

住所：高松市中山町1506
電話：087-881-3329
交通：JR予讃線高松駅から弓弦羽行きバス25分、根香口下車、徒歩1時間
宿坊：なし

第83番

神毫山《しんごうざん》

一宮寺《いちのみやじ》

讃岐国一宮の別当寺でもあった飛鳥時代建立の古刹霊場

大宝年間（701～704）に義淵《ぎえん》僧正が建立した大宝院が前身。その後、行基が伽藍を修築して讃岐国一宮・田村神社の別当寺として一宮寺と改めた。現在もその名残から、仁王門を挟んで田村神社と隣り合っている。境内には、台座の下から地獄の釜の音が聞こえるといわれる薬師如来祠がある。

本尊▼聖観世音菩薩
開基▼義淵僧正
宗派▼真言宗御室派
真言▼おん　あろりきゃ　そわか

御詠歌▼讃岐一宮《さぬきいちのみや》の御前《みまえ》に仰《あお》ぎきて　神《かみ》の心《こころ》を誰《たれ》かしらいう

↓悪心を抱く者が頭を突っ込むと抜けなくなるといわれる薬師如来祠（左）

住所：高松市一宮町607
電話：087-885-2301
交通：高松琴平電鉄一宮駅から徒歩10分
宿坊：なし

第84番

南面山《なんめんざん》 屋《や》島《しま》寺《じ》

風光明媚な屋島山上に鑑真和上が開いた霊場

源氏と平家がしのぎを削った古戦場として知られる屋島にある古刹。天平勝宝6（754）年に大宰府から奈良へ向かう途中の鑑真和上が屋島に立ち寄り、屋島北嶺を寺域と定めて普賢堂を建てたのが創建の由来。

↑弘法大師像を安置する大師堂。朱塗りの本堂に比べて簡素な造りが印象的

のちに弘法大師が嵯峨天皇の勅願によって南嶺に伽藍を建立して中興し、84番目の霊場にしたといわれている。

豪壮な門をくぐると、鎌倉建築の本堂が堂々たる構えで建っている。朱塗りを施した珍しい本堂で、本尊十一面千手観音像とともに建物も国の重要文化財に指定されている。境内から参道を東へ歩き、源平古戦場を見下ろす展望台「談古嶺《だんこれい》」にも足を運んでみたい。

本尊▼十一面千手観世音菩薩
開基▼鑑真和上
宗派▼真言宗御室派
真言▼おん　ばざら　たらま　きりく
御詠歌▼梓弓《あずさゆみ》屋島《やしま》の宮《みや》に詣《もう》でつつ　祈《いの》りをかけて勇《いさ》む武夫《もののふ》

↑四国の狸の総大将「太三郎狸」をまつる蓑山大明神は夫婦円満、縁結びで信仰が厚い

←↑瀬戸内海が一望の談古嶺の展望台。厄除け開運のかわらけ投げ（200円）が人気

住所：高松市屋島東町1808
電話：087-841-9418
交通：JR高徳線屋島駅から屋島山上行きバス25分、終点下車、徒歩3分
宿坊：なし

第85番

五剣山《ごけんざん》 八栗寺《やくりじ》

朱塗りの多宝塔が緑に映える ケーブルカーで行く〝八栗の聖天さん〟

屋島と瀬戸内海の入り江をへだてた東にそびえる五剣山の中腹にあり、天狗が棲むともいわれた険しい峰々に抱かれるように堂塔が点在している。麓から歩くと急勾配の山道で30分ほどかかるが、ケーブルカーならわずか4分で山頂駅だ。

古くから「八栗の聖天さん」と呼び親しまれている歓喜天像（秘仏）は、木喰以空《もくじきいくう》上人が後水尾天皇后の東福門院から賜った霊像で聖天堂に安置されている。本堂は聖天堂右側の壇上にあり、高松藩主松平頼重が寄進した丈六聖観音像が本尊としてまつられている。さらに本堂の上には天狗の中将坊をまつった中将坊堂もあり、かつての行場だった名残を伝えている。

↑聖観音像をまつる本堂は松平家の祈願所だったために葵の紋が入っている

←商売繁盛や夫婦和合、福徳自在などのご利益で知られる歓喜天を安置する聖天堂

←山岳修験の道場として開かれた寺で、かつては天狗が棲むといわれて恐れられた

↑朱も鮮やかな多宝塔。背後の緑に映える新緑の季節が美しい。もちろん紅葉も

本尊▼聖観世音菩薩
開基▼弘法大師
宗派▼真言宗大覚寺派
真言▼おん　あろりきゃ　そわか

御詠歌▼煩悩《ぼんのう》を胸《むね》の智火《ちか》にて八栗《やくり》をば　修行者《しゅぎょうしゃ》ならで誰《たれ》か知《し》るべき

住所：高松市牟礼町牟礼3416
電話：087-845-9603
交通：琴平電鉄志度線八栗駅下車、徒歩20分の八栗登山口から八栗ケーブル4分山上駅下車、徒歩すぐ
宿坊：なし

第86番

補陀洛山《ふだらくさん》 志《し》度《ど》寺《じ》

謡曲の舞台にもなった海女にまつわる伝説が残る

推古33（625）年、薗子という尼が志度浦に流れ着いた霊木に十一面観音像を刻み、お堂を建てたのが始まりと伝わる古刹。天武10（681）年に藤原不比等が妻である海女の墓を建立し、持統7（693）年にはその間に生まれた息子・房前が行基とともに堂塔を整えて修行道場にした。

↑納経所の奥に広がる広さ3000坪の曲水式庭園。京都龍安寺の庭を手がけた細川勝元の作

↑本尊十一面観音像とともに国の重要文化財に指定されている本堂

←海女の伝説を今に伝える「海女の墓」。命日にちなみ6月16日には十六度市が開かれる

←周囲の風景によく溶け込んでいる五重塔は昭和50年の建築

重要文化財指定の仁王門から入った境内は広く、公園のような開放感。その中に古色蒼然とした本堂、大師堂、薬師堂や五重塔など歴史を感じる建物が点在している。一角にある苔むした海女の墓は、房前が母を供養するために立てた千基の石塔群の名残。「海女の玉取り伝説」は縁起にも記され、謡曲「海士」の舞台として広く知られている。

本尊▼十一面観世音菩薩
開基▼藤原不比等
宗派▼真言宗
真言▼おん　まか　きゃろにきゃ　そわか
御詠歌▼いざさらば今宵《こよい》はここに志度《しど》の寺《てら》　祈《いの》りの声《こえ》を耳《みみ》に触《ふ》れつつ

住所：さぬき市志度1102
電話：087-894-0086
交通：JR高徳線志度駅から徒歩7分
宿坊：なし

第87番

補陀落山《ふだらくさん》 長尾寺《ながおじ》

地域の人たちの憩いの場 静御前が得度した観音様

天平11（739）年に行基が道端の柳の木で聖観音像を彫って安置したのが始まり。大同年間（806~810）、入唐を前にした弘法大師がここを訪れ、年頭七夜の護摩祈祷を行った。

帰国後、大師は入唐の大願成就を感謝して大日経一字一石の供養塔を奉納し、堂宇を建立。のちに高松藩主松平家の祈願所となって栄えたため、葵の紋が入った香炉や松平家別邸（今の栗林公園）から移築された東門などが今も残っている。

街中に広がる境内は地域の憩いの場になっていて、盆踊りや餅つきなどが行われる。葵の紋入りの丸瓦がのる本堂、元寇の戦没者慰霊のために立てられた経幢《きょうどう》などがある。

↑仁王門にかかる大わらじは熱心な信者が奉納したもの。健脚祈願に手を合わせる人も多い

↑秘仏の聖観音像を安置する本堂。高松藩主の庇護を受けて栄えた

←大正建築の大師堂には弘法大師像が安置されている。屋根の相輪塔が目を引いている

←母の故郷であるこの地で得度した際、剃髪した髪を埋めたという静御前剃髪塚

本尊▼聖観世音菩薩
開基▼行基
宗派▼天台宗
真言▼おん　あろりきゃ　そわか
御詠歌▼あしびきの山鳥《やまどり》の尾《お》の長尾寺《ながおでら》　秋《あき》の夜《よ》すがら御名《みな》を唱《とな》えよ

住所：さぬき市長尾西653
電話：0879-52-2041
交通：高松琴平電鉄長尾線長尾駅から徒歩5分
宿坊：なし

第88番

医王山《いおうざん》
大窪寺《おおくぼじ》

同行二人の旅の終着点は緑豊かな山懐に建つ結願寺

長かった遍路旅の締めくくりとなる結願寺。標高787mの矢《や》筈《はず》山の山中にあり、木立が生い茂り、険しい山々が連なる景観は独特の霊気に包まれているようだ。

養老年間（717～724）に行基が創建。その後、弘法大師が胎蔵ヶ峰の岩窟で求聞持法を修し、薬師如来像を刻んで堂宇を整えたと伝わっている。

二天門をくぐって石段を上ると、正面に本堂と阿弥陀堂が並ぶ。本堂は礼堂と中殿、二重多宝塔になっている奥殿からなり、奥殿には本尊と三国伝来の錫杖がまつられている。無事に結願を迎えたお遍路が奉納した、たくさんの金剛杖が印象的だ。

↑礼堂と中殿、二重多宝塔（奥殿）からなる本堂には本尊薬師如来像をまつっている

↑←結願御礼に奉納された石碑や石仏、金剛杖などが結願寺ならではの風景を見せている

↑四季折々に美しい山寺。自然と一体になったたたずまいにお遍路の疲れが癒される

本尊▼薬師如来
開基▼行基
宗派▼真言宗
真言▼おん　ころころ　せんだり　まとうぎ　そわか

御詠歌▼南無《なむ》薬師《やくし》諸病《しょびょう》なかれと願《ねが》いつつ　詣《まい》れる人《ひと》はおおくぼの寺《てら》

住所：さぬき市多和兼割96
電話：0879-56-2278
交通：高松琴平電鉄長尾線長尾駅下車、徒歩5分の長尾支所西側からさぬき市コミュニティバス33分、大窪寺下車、徒歩すぐ
宿坊：なし

遍路旅、ひと休み④

香川県の見どころ・味どころ

讃岐うどんで知られる香川は四国の玄関。源義経が活躍した屋島、昔から参拝客でにぎわった金刀比羅宮など歴史名所が多い。

伊勢神宮と並んで昔から一生に一度はお参りしたいと庶民が願った金刀比羅宮

見 城跡や大名庭園の高松からこんぴらさんへお参り

四国の玄関、交通の要として発展した高松市は、讃岐高松藩12万石の城下町。戦災で8割が焼けたために古い町並みこそ残っていないが、高松城跡の玉藻公園や数寄を凝らした栗林公園が藩政時代の面影を伝えている。源平合戦の古戦場として知られる屋島もぜひ訪れたい名所だ。

弘法大師が生まれた善通寺に近いのが「こんぴらさん」こと金刀比羅宮。800段近い石段を上った本宮から眺める讃岐平野は圧巻だ。

味 香川はもちろん全国的にも人気の讃岐うどん

今や全国ブランドになった讃岐うどんの故郷だけに、県内には1000軒以上のうどん店が点在する。自分で麺をゆでたりダシをかけたりするセルフ店など店の形態がさまざまなら、醤油ぶっかけや釜玉など食べ方もいろいろ。名店といわれる店を巡る「うどん遍路」を楽しむ熱狂的なファンもいるほど。

讃岐うどん

独特のコシの強さが人気の讃岐うどん。店ごとに味やトッピングが異なり、食べ比べるのが楽しい

第四章 札所インフォメーション

歩き遍路に、車遍路、実際どのように回ることができるのか、巡礼スケジュールをプランニング。また、西国および坂東の札所を始め、全国にある札所を紹介。

巡拝プランニング

遍路には歩きのほか、利用する交通機関はバス、車、タクシーなどさまざま。自分の日程や体力に応じて、ベストな巡拝をプランニングしよう。

車遍路

通し打ち12日間モデルコース

多ければ1日で約10ヶ所の札所を巡ることもできる車遍路。最短10日で結願することも可能。時間に余裕のない人はもちろん、体力に自信のない人でも安心なので近年人気が高いスタイルだ。

1日目　1～11番札所

7番の十楽寺あたりまで高低差の少ないエリアに札所が集まっている。12番の札所は「遍路転がし」とも呼ばれる徳島一の難所。1日目は無理をせず疲れが出たら早めに休んでおきたい。

●宿泊・・・徳島市内

2日目　12～19番札所

歩き遍路にとっては2つの山を越える難所、12番焼山寺で、車遍路のありがたみを実感。その後は17番の井戸寺まで札所が集中するので、一気に回り18、19番へは国道55号を下ろう。

●宿泊・・・小松島市周辺

3日目　20～26番札所

朝イチで20番の鶴林寺へ向かう。ロープウェイで参拝する21番の太龍寺からは眺めが美しい。23番薬王寺のあとは高知県に入り、続くドライブウェイは晴れていれば快適だ。

●宿泊・・・室戸市周辺

4日目　27～33番札所

27番の神峯寺の前後は急坂が多く、土佐の難所の一つ。札所が集まる高知市内を打った後は、再び国道55号に沿って進もう。桂浜などの観光名所に立ち寄るのもおすすめだ。

●宿泊・・・高知市内

5日目　34～38番札所

この区間は札所間の距離が長くなる。36番の青龍寺を打ち足摺岬を目指す。四国八十八ヶ所の中で最も距離が長い37～38番の札所周辺や、間違えやすい真念遍路道の分岐に注意。

●宿泊・・・足摺岬周辺

6日目　39～45番札所

39番の札所まで休憩スポットが少ないので早めの給油を。43番の明石寺の後は、松山自動車道西予宇和I.C.から内子五十崎I.C.まで高速利用を。岩屋寺は駐車場から15分以上歩く。

●宿泊・・・松山市周辺

7日目　46～53番札所

松山市内は札所が集中しているので一気に回りたいが、混雑する道路が多い。通勤時間を避けるのがベスト。53番までを打ち終えたら、道後温泉に戻り疲れをとってもいい。

●宿泊・・・道後温泉周辺

8日目　54～63番札所

54番の今治に向けて早朝からスタート。また60番の横峰寺も、まずは平坦なルートである61番から63番を打ってから、愛媛最大の難所、60番札所を目指すとよい。

●宿泊・・・西条市周辺

9日目　64～70番札所

66番の雲辺寺はロープウェイで境内へ。67番のあと、最も近い70番の本山寺を参拝。同じ境内にある68～69番の札所を先に回るとスムーズだ。

●宿泊・・・観音寺市周辺

10日目　71～78番札所

75番の善通寺周辺は、札所が固まっている。順番通りでなく、71→73→72番の流れが得策だ。時間があれば金刀比羅宮や、弘法大師生誕の地など見るべき観光スポットも点在している。

●宿泊・・・坂出市周辺

11日目　79～84番札所

山中を多く走り高松市内に入る。84番の屋島寺へは有料道路を通るのがおすすめ。市内には名所旧跡はもちろん、讃岐うどんの人気店が多いので一度は味わっておきたい。

●宿泊・・・高松市周辺

12日目　85～88番札所

最後の札所、88番の大窪寺を打ったら、1番札所へお礼参りする人も多い。帰りは徳島港から南海フェリーが一般的だが、レンタカーなら乗り捨てて徳島空港へ向かうのが良い。

●宿泊・・・徳島市内周辺

ポイント

❶ 駐車場と料金

多くの寺に駐車場があるので、探す心配はない。駐車料金は無料が多いが、場所により維持管理のため、料金がかかるところもある。

❷ 気をつけたい道路

主要道路は問題ないが、山中に入ると道路標識も小さく、迷いやすい道が多い。できればカーナビ付きの車で回るのが理想だ。

空港レンタカー情報

徳島空港	高知空港
ニッポンレンタカー ☎088-699-6170	ニッポンレンタカー ☎088-863-0663
トヨタレンタカー ☎088-699-6606	トヨタレンタカー ☎088-864-0707
マツダレンタカー ☎088-699-5658	マツダレンタカー ☎088-804-6550
日産レンタカー ☎088-699-4623	日産レンタカー ☎088-864-2319

松山空港	高松空港
ニッポンレンタカー ☎089-973-6811	ニッポンレンタカー ☎087-879-2157
トヨタレンタカー ☎089-972-6100	トヨタレンタカー ☎087-879-8100
マツダレンタカー ☎089-972-8371	マツダレンタカー ☎087-879-0755
日産レンタカー ☎089-974-2341	日産レンタカー ☎087-879-8623

歩き遍路

通し打ち44日間モデルコース

歩いて八十八ヶ所を回るなら、40日以上が必要。日にちがかかる分、経費もかかる。だが通し打ちを達成できれば貴重な体験となることは間違いない。

1日目 1~7番札所
最寄のJR板東駅からは車道を歩いて1番霊山寺へ。宿泊は6番か7番の宿坊で。

2日目 8~11番札所
10番切幡寺に続く急な石段など高低差が多い。宿泊は11番周辺かJR鴨島駅周辺で。

3日目 12番札所
12番焼山寺へは四国八十八ヶ所の中で最も険しく、山道が続く。宿泊は12番の宿坊で。

4日目 13番札所
12番焼山寺を越えると歩きやすい道になる。宿泊は13番大日寺の宿坊で。

5日目 14~17番札所
道は平坦になり、各札所への距離が短くなる。宿泊は徳島市中心部で。

6日目 18~19番札所
徳島市街地から18番、19番までの所要時間は約5時間。宿泊は19番の宿坊か生名で。

7日目 20~22番札所
山道が続く。21~22番の間はロープウェイを利用しよう。宿泊は22番周辺の宿で。

8日目 23番札所
車道を歩き23番の札所へ到着。宿泊は23番の宿坊で。

9日目 札所なし
海岸線に沿って室戸岬へ。宿泊はJR海部駅か宍喰駅周辺で。

10日目 24番札所
室戸岬で景色を眺めよう。25番津照寺へは距離が長い。宿泊は24番の宿坊か周辺で。

11日目 25~26番札所
どちらも高台の札所なので急勾配が続く。宿泊は奈半利か田野周辺で。

12日目 27番札所
山道を歩き27番神峯寺に着いてから国道を約10時間進む。宿泊は安芸市か夜須周辺で。

13日目 28番札所
龍馬歴史館などの近くを通り28番大日寺へ。宿泊は28番周辺で。

14日目 29~31番札所
市街地に入り30番の札所へ。宿泊は高知市の中心部で。

15日目 32~34番札所
32番禅師峰寺から33番雪蹊寺へは県営フェリーが便利。宿泊は土佐市中心部で。

16日目　35～36番札所

下りの山道はハードなので塚地坂トンネルを通ると楽。宿泊は須崎市中心部で。

17日目　札所なし

雨天通行不能なこともある大坂遍路道は悪天候に注意。宿泊は37番の宿坊か周辺で。

18日目　37番札所

38番の札所までにかかる日数は3～4日。宿泊は佐賀か伊田周辺で。

19日目　札所なし

海沿いを歩くので夏は直射日光対策が必須。宿泊は四万十市周辺で。

20日目　38番札所

38番札所の近くには大師遺跡もある。宿泊は38番宿坊か周辺で。

21日目　札所なし

新伊豆田トンネルの近くまで戻る。宿泊は下ノ加江か大岐周辺で。

22日目　39番札所

途中に食事や買い物のできる店がないエリア。宿泊は宿毛市中心部で。

23日目　40番札所

高知から愛媛へ入り、町の中心部にある40番の札所へ。宿泊は愛南町中心部で。

24日目　札所なし

国道56号沿いを歩くか、番外霊場のある柏坂遍路道を。宿泊は津島周辺で。

25日目　札所なし

松尾トンネルよりも2006年開通の松尾峠遍路道がおすすめ。宿泊は宇和島市中心部で。

26日目　41～43番札所

42番の後、「遍路転がし」と呼ばれる歯長峠を越える。宿泊は卯之町で。

27日目　札所なし

43番明石寺から44番大寶寺へは2～3日が必要。宿泊は大洲市か内子中心部で。

28日目　44番札所

鵯《ひわ》田《た》峠の難所を越える。宿泊は44番の宿坊で。

29日目　45番札所

住吉神社から先は夏になると草が茂って歩きづらい。宿泊は久万周辺で。

30日目　46番札所

峠を越えると平坦な道になる。宿泊は46番か47番周辺で。

31日目　47～51番札所

平野部を進んで松山市中心部へ。宿泊は道後温泉で。

32日目　52～53番札所

次の54番延命寺までは距離が長い。宿泊は北条周辺で。

33日目　54～56番札所

引き続き国道を歩くと今治市へ入る。宿泊は今治市中心部や56番の宿坊で。

34日目 57〜59番札所

58番仙遊寺の後は急坂を下り、県道１５６号などを進む。宿泊はJR壬生川駅周辺で。

35日目 60〜61番札所

妙谷川は増水することがあるので、場合によって61番から回ろう。宿泊は61番の宿坊で。

36日目 62〜64番札所

国道11号を東へ進み63番吉祥寺へ。宿泊はJR伊予西条駅周辺で。

37日目 札所なし

緩やかな道が続くが65番以降ハードになるので休養を。宿泊はJR伊予三島駅周辺で。

38日目 65〜67番札所

66番雲辺寺は標高９２７ｍの山頂にある。宿泊は67番大興寺周辺で。

39日目 68〜70番札所

68・69番は境内の中に2つの寺がある唯一の札所。宿泊は70番の札所周辺で。

40日目 71〜75番札所

71番の弥谷寺は計３７０段の石段を越えると下りとなる。宿泊は75番の宿坊か周辺で。

41日目 76〜80番札所

瀬戸内海やため池を見ながら77番の札所へ。宿泊は80番周辺で。

42日目 81〜83番札所

83番の札所周辺は平坦だが道に迷いやすくなる。宿泊は高松市中心部へ。

43日目 84〜86番札所

85番へはケーブルカーで往復できる。宿泊は琴電志度駅周辺で。

44日目 87〜88番札所

遍路最後の札所、88番は女体山を通らずに行くことも可能。宿泊は高松市中心部で。

１日8時間歩行し、時速３・５〜４㎞で進むことを想定した場合のプランニング（距離は、区切りによって多少異なる）。88番大窪寺から高野山に行く場合は、高松から大阪・難波に出て南海電鉄高野線に乗り継ぐ。

ポイント

❶ 無理のないプラン

１日に進む距離は慣れるまで約20㎞、荷物は5㎏を目安にしよう。寺が閉まるので、夕方16時くらいまでには目的地に着きたい。

❷ 一国参りでも

負担が少ないため初心者におすすめなのが、一つの県内にある札所だけを巡る一国参り。４度回れば八十八ヶ所を制覇できる。

❸ 公共交通機関を使う

遍路途中に電車やバスを利用すれば、時間の節約はもちろん、ローカルな旅気分を味わえる。全行程の歩き遍路に自信のない場合、気軽に利用したい。

遍路旅のイエローページ

観光

徳島	徳島県観光協会	☎088-652-8777
徳島	徳島市観光協会	☎088-622-4010
徳島	鳴門市観光情報センター	☎088-686-0743
徳島	阿波市商工観光課	☎0883-35-7875
高知	高知県観光コンベンション協会	☎088-823-1434
高知	高知市観光課	☎088-823-9457
高知	室戸市商工観光課	☎0887-22-5134
愛媛	愛媛県観光協会	☎089-951-0711
愛媛	松山観光コンベンション協会	☎089-935-7511
愛媛	西条市商工観光課	☎0897-56-5151
愛媛	今治市観光課	☎0898-36-1541
香川	香川県観光交流局	☎087-832-3360
香川	高松市観光課	☎087-839-2416
香川	善通寺市商工観光課	☎0877-63-6315
香川	さぬき市商工観光課	☎087-894-1114

便利ホームページ

四国八十八ヶ所霊場会
http://www.88shikokuhenro.jp/
四国霊場　八十八箇所参拝
http://shikoku-net.co.jp/88/
四国八十八ヶ所巡りガイド
http://itp.ne.jp/contents/shikoku88/
掬水へんろ館
http://www.kushima.com/henro/
竹とんぼ　四国八十八カ所霊場、知多四国八十八カ所霊場の遍路記録
http://www2u.biglobe.ne.jp/~skizuka/
へんろみち保存協力会
http://www.iyohenro.jp/

交通

鉄道

徳島	JR徳島駅	☎088-622-7935
徳島	阿佐海岸鉄道	☎0884-76-3701
高知	JR高知駅	☎088-822-8229
高知	土佐くろしお鉄道	☎0887-34-8800
愛媛	JR松山駅	☎089-943-5101
愛媛	伊予鉄道	☎089-948-3329
香川	JR高松駅	☎087-825-1702
香川	高松琴平電気鉄道	☎087-831-6008

四国のJR移動時間(目安)

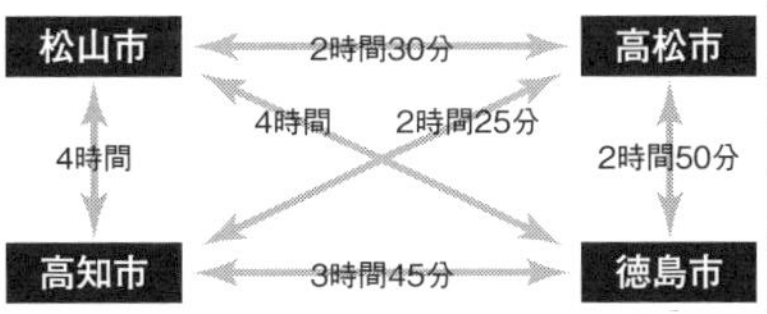

高速バス

徳島	徳島バス	☎088-622-1826
徳島	JR四国バス徳島	☎088-602-1090
高知	土佐電気鉄道	☎088-884-5666
高知	高知県交通	☎088-845-1607
高知	JR四国バス高知	☎088-882-0489
愛媛	伊予鉄高速バス	☎089-948-3100
愛媛	JR四国バス松山	☎089-941-0489
香川	四国高速バス	☎087-881-8419
香川	フットバス	☎087-874-7777
香川	琴参バス	☎0877-22-9191
香川	JR四国バス高松	☎087-825-1657

四国の高速バス移動時間(目安)

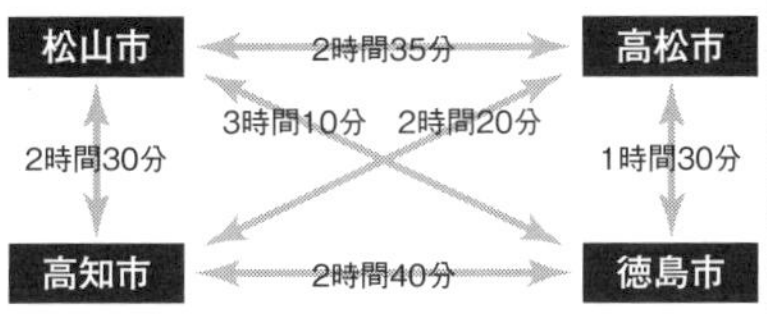

全国巡礼マップ

四国八十八ヶ所だけでなく、巡礼の道は全国に広がっている。その土地ごとに根付いた信仰を大切にしながら、巡礼の旅を楽しみたい。

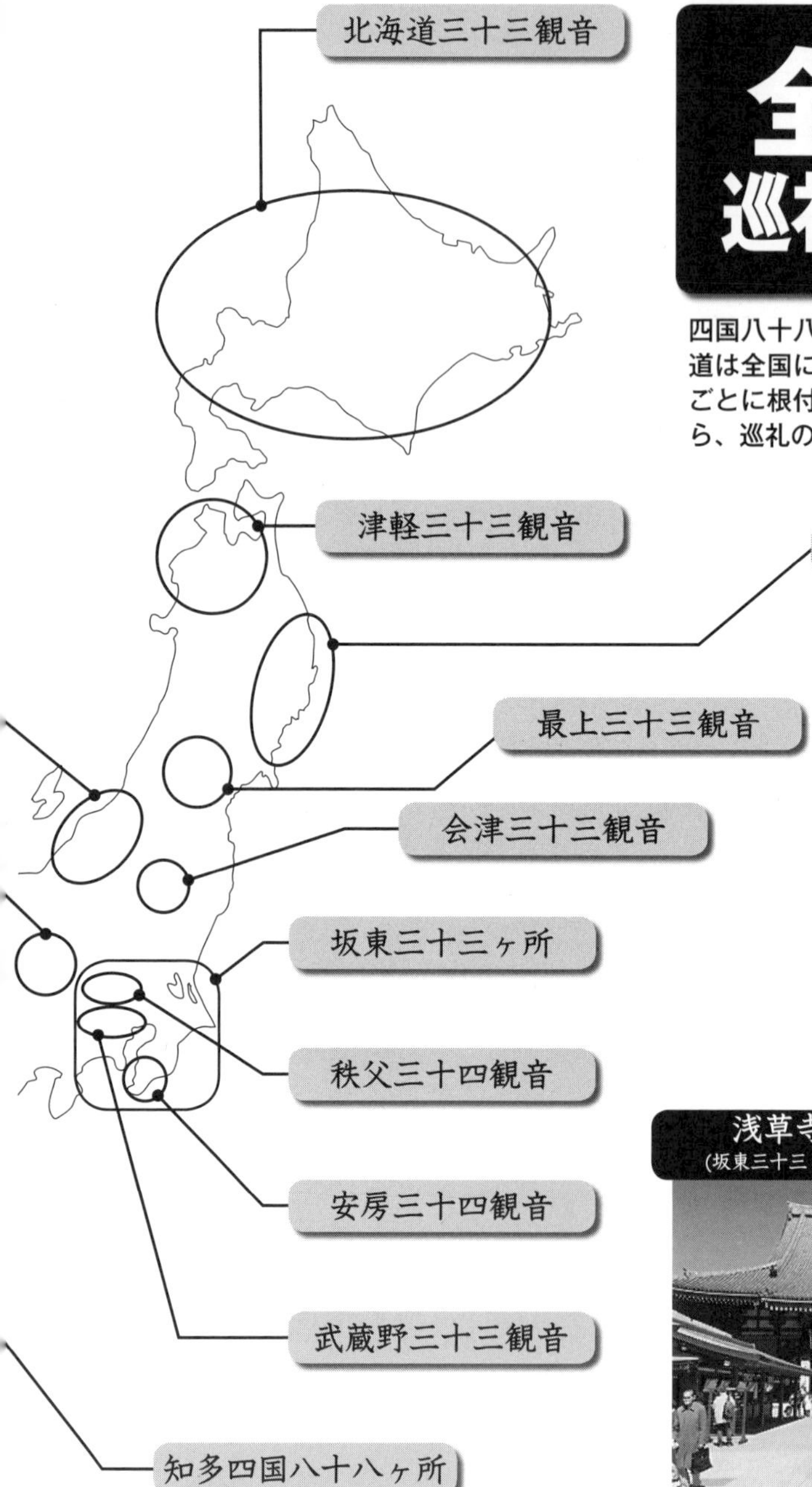

浅草寺
(坂東三十三ヶ所)

東京で最古といわれる13番浅草寺。寺の本尊は1300年以上の歴史を持つ

古来より続く修行の道が全国の霊場として広がる

四国が遠く遍路が難しい人々のために生まれたのが四国遍路をコピーした「写し霊場」。有名なところでは、小豆島、知多、篠栗（九州）などがある。北海道の三十三観音や、武蔵野三十三観音のように、近代に入ってからも各地で霊場が開創されており、平成になってからも霊場の数は増えている。

善通寺
（四国八十八ヶ所）

75番善通寺は、弘法大師生誕の地として有名。高野山、東寺とともに大師三大霊場として知られる

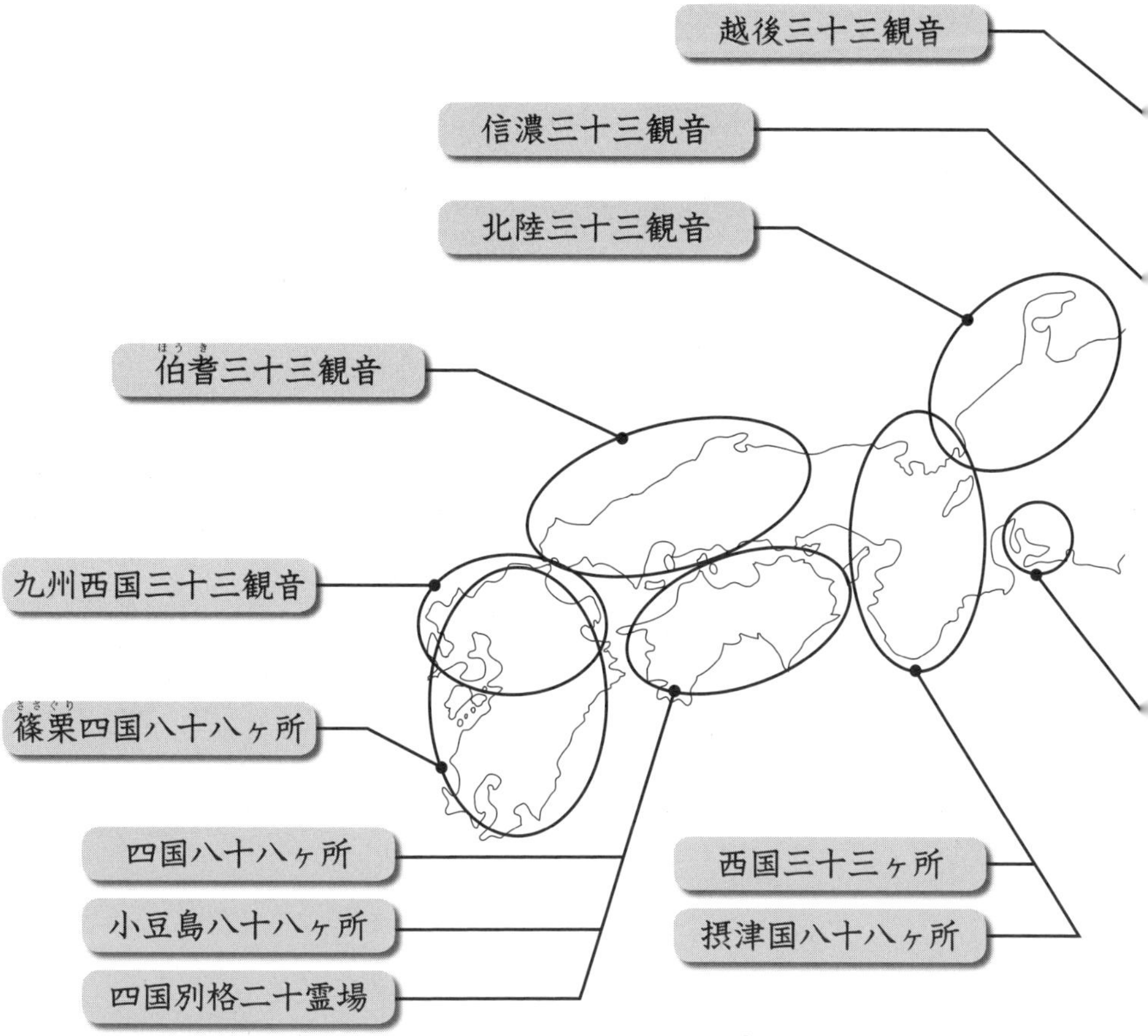

西国三十三ヶ所札所

全国の観音霊場の元祖として有名なのが西国三十三ヶ所。その歴史は、古く奈良時代ともいわれる。武士の間で信仰が広がったのも特徴。

武士階級から広まった観音霊場の元祖

その起源は、大和長谷寺の徳道上人が病に伏せていた際に見た夢のお告げともいわれている。一時、霊場の存在は忘れられていたが、鎌倉時代には盛んに巡礼が行われるように。室町時代に確立した札所の分布から、東（関東）から巡礼をする者に都合のよいルートになっていることがわかる。

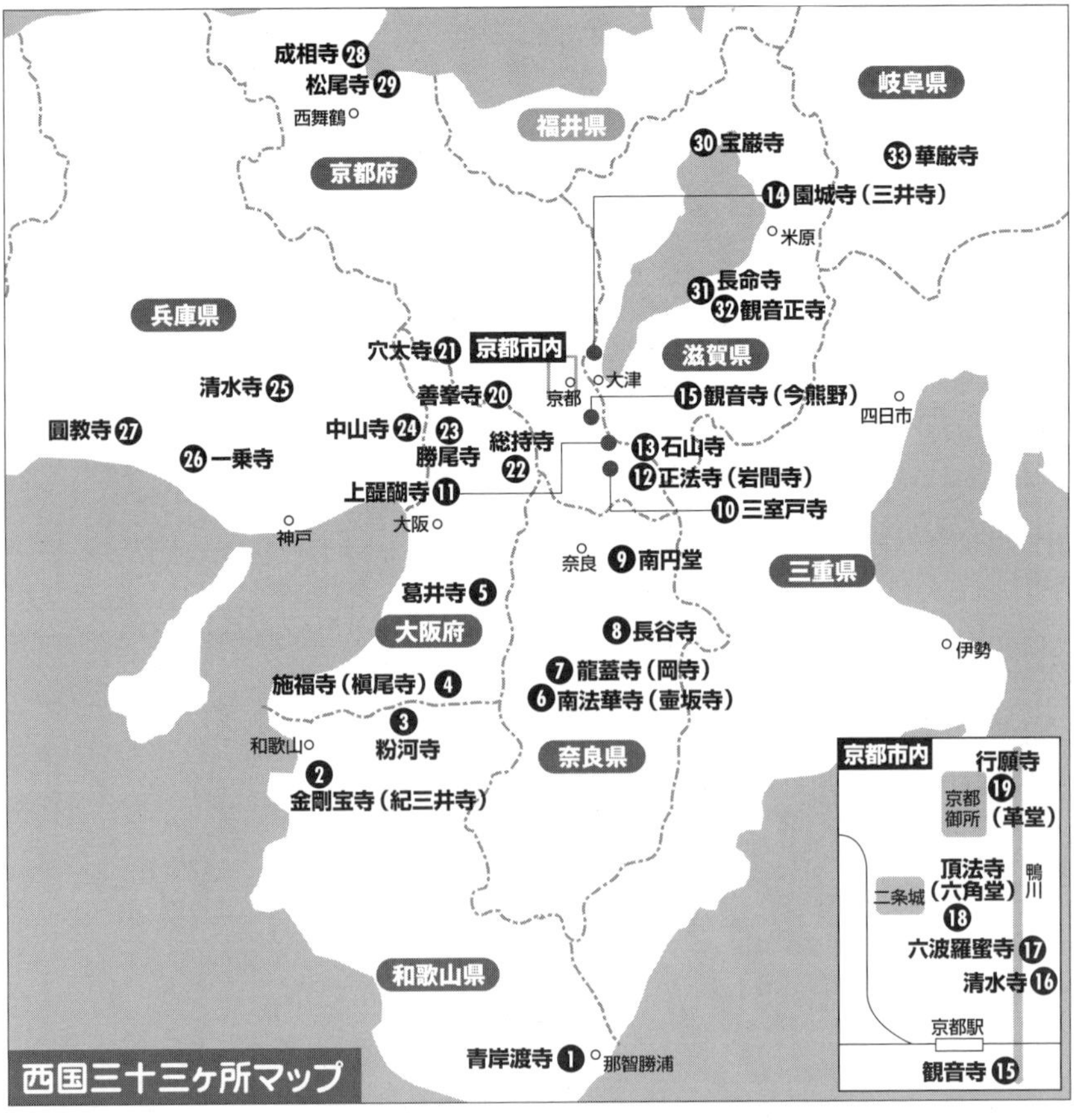

西国三十三ヶ所マップ

西国三十三ヶ所札所

1番 **青岸渡寺《せいがんとじ》** 0735-55-0001
和歌山県東牟婁郡那智勝浦町那智山8

2番 **金剛宝寺《こんごうほうじ》**（紀三井寺《きみいでら》） 073-444-1002
和歌山県和歌山市紀三井寺1201

3番 **粉河寺《こかわでら》** 0736-73-4830
和歌山県紀の川市粉河2787

4番 **施福寺《せふくじ》**（槇尾寺《まきおでら》） 0725-92-2332
大阪府和泉市槇尾山町136

5番 **葛井寺《ふじいでら》** 072-938-0005
大阪府藤井寺市藤井寺1-16-21

6番 **南法華寺《みなみほっけじ》**（壷坂寺《つぼさかでら》） 0744-52-2016
奈良県高市郡高取町壷阪3

7番 **龍蓋寺《りょうがいじ》**（岡寺《おかでら》） 0744-54-2007
奈良県高市郡明日香村岡

8番 **長谷寺《はせでら》** 0744-47-7001
奈良県桜井市初瀬731-1

9番 **南円堂《なんえんどう》** 0742-24-4920
奈良県奈良市登大路町48

10番 **三室戸寺《みむろとじ》** 0774-21-2067
京都府宇治市莵道滋賀谷21

11番 **上醍醐寺《かみだいごじ》** 075-571-0002
京都府京都市伏見区醍醐東大路町22

12番 **正法寺《しょうほうじ》**（岩間寺《いわまでら》） 077-534-2412
滋賀県大津市石山内畑町82

13番 **石山寺《いしやまでら》** 077-537-0013
滋賀県大津市石山寺1-1-1

14番 **園城寺《おんじょうじ》**（三井寺《みいでら》） 077-524-2416
滋賀県大津市園城寺町246

15番 **観音寺《かんのんじ》**（今熊野《いまくまの》） 075-561-5511
京都府京都市東山区泉涌寺山内町32

16番 **清水寺《きよみずでら》** 075-551-1234
京都府京都市東山区清水1-294

17番 **六波羅蜜寺《ろくはらみつじ》** 075-561-6980
京都府京都市東山区松原通大和大路東入ル2轆轤町

18番 **頂法寺《ちょうほうじ》**（六角堂《ろっかくどう》） 075-221-2686
京都府京都市中京区六角通東洞院西入堂之前町248

19番 **行願寺《ぎょうがんじ》**（革堂《こうどう》） 075-211-2770
京都府京都市中京区寺町通竹屋町上ル行願寺門前町17

20番 **善峯寺《よしみねでら》** 075-331-0020
京都府京都市西京区大原野小塩町1372

21番 **穴太寺《あなおじ》** 0771-22-0605
京都府亀岡市曽我部町穴太東辻46

22番 **総持寺《そうじじ》** 072-622-3209
大阪府茨木市総持寺1-6-1

23番 **勝尾寺《かつおうじ》** 072-721-7010
大阪府箕面市勝尾寺

24番 **中山寺《なかやまでら》** 0797-87-0024
兵庫県宝塚市中山寺2-11-1

25番 **清水寺《きよみずでら》** 0795-45-0025
兵庫県加東市平木1194

26番 **一乗寺《いちじょうじ》** 0790-48-2006
兵庫県加西市坂本町821-17

27番 **圓教寺《えんぎょうじ》** 079-266-3327
兵庫県姫路市書写2968

28番 **成相寺《なりあいじ》** 0772-27-0018
京都府宮津市成相寺339

29番 **松尾寺《まつのおでら》** 0773-62-2900
京都府舞鶴市松尾532

30番 **宝厳寺《ほうごんじ》** 0749-63-4410
滋賀県長浜市早崎町1664

31番 **長命寺《ちょうめいじ》** 0748-33-0031
滋賀県近江八幡市長命寺町157

32番 **観音正寺《かんのんしょうじ》** 0748-46-2549
滋賀県近江八幡市安土町石寺2

33番 **華厳寺《けごんじ》** 0585-55-2033
岐阜県揖斐郡揖斐川町谷汲徳積23

坂東三十三ヶ所札所

鎌倉幕府の厚い観音信仰に支えられ誕生。のちに開創される秩父三十四観音と、西国三十三ヶ所をあわせて百観音と称される。

関東を巡る観音様との巡礼の道

観音信仰の厚かった源頼朝による鎌倉幕府の誕生を契機に、急速に武士階級の間で観音菩薩信仰が盛んとなる。そこで生まれたのが、坂東と秩父の観音霊場である。3代将軍源実朝が札所を制定したという説が有力だ。

江戸時代に最盛期を迎え、今なお巡礼者が多く訪れる観音霊場である。

坂東三十三ヶ所マップ

坂東三十三ヶ所札所

1番 **杉本寺《すぎもとでら》** 0467-22-3463
神奈川県鎌倉市二階堂903

2番 **岩殿寺《がんでんじ》** 046-871-2268
神奈川県逗子市久木5-7-11

3番 **安養院田代寺《あんよういんたしろじ》** 0467-22-0806
神奈川県鎌倉市大町3-1-22

4番 **長谷寺《はせでら》** 0467-22-6300
神奈川県鎌倉市長谷3-11-2

5番 **勝福寺《しょうふくじ》** 0465-47-3413
神奈川県小田原市飯泉1161

6番 **長谷寺《はせでら》** 046-241-1635
神奈川県厚木市飯山5605

7番 **光明寺《こうみょうじ》** 0463-58-0127
神奈川県平塚市南金目896

8番 **星谷寺《しょうこくじ》** 046-251-2266
神奈川県座間市入谷3-3583-1

9番 **慈光寺《じこうじ》** 0493-67-0040
埼玉県比企郡ときがわ町西平386

10番 **正法寺《しょうほうじ》** 0493-34-4156
埼玉県東松山市岩殿1229

11番 **安楽寺《あんらくじ》** 0493-54-2898
埼玉県比企郡吉見町御所374

12番 **慈恩寺《じおんじ》** 048-794-1354
埼玉県さいたま市岩槻区慈恩寺139

13番 **浅草寺《せんそうじ》** 03-3842-0181
東京都台東区浅草2-3-1

14番 **弘明寺《ぐみょうじ》** 045-711-1231
神奈川県横浜市南区弘明寺町267

15番 **長谷寺《ちょうこくじ》** 027-343-0349
群馬県高崎市白岩町448

16番 **水澤寺《みずさわてら》** 0279-72-3619
群馬県渋川市伊香保町水沢214

17番 **満願寺《まんがんじ》** 0282-31-1717
栃木県栃木市出流町288

18番 **中禅寺《ちゅうぜんじ》** 0288-55-0013
栃木県日光市中禅寺歌ケ浜2578

19番 **大谷寺《おおやじ》** 028-652-0128
栃木県宇都宮市大谷町1198

20番 **西明寺《さいみょうじ》** 0285-72-2957
栃木県芳賀郡益子町大字益子4469

21番 **日輪寺《にちりんじ》** 02957-7-0552
茨城県久慈郡大子町上野宮字真名板倉2134

22番 **佐竹寺《さたけじ》** 0294-72-2078
茨城県常陸太田市天神林町2404

23番 **観世音寺《かんぜおんじ》** 0296-72-1332
茨城県笠間市笠間1056-1

24番 **楽法寺《らくほうじ》** 0296-58-5009
茨城県桜川市本木1

25番 **大御堂《おおみどう》** 029-866-0126
茨城県つくば市筑波748

26番 **清瀧寺《きよたきじ》** 029-862-4576
茨城県土浦市大字小野1151

27番 **円福寺《えんぷくじ》** 0479-22-1741
千葉県銚子市馬場町293

28番 **龍正院《りゅうりょういん》** 0476-96-0217
千葉県成田市滑川1196

29番 **千葉寺《せんようじ》** 043-261-3723
千葉県千葉市中央区千葉寺町161

30番 **高蔵寺《こうぞうじ》** 0438-52-2675
千葉県木更津市矢那1245

31番 **笠森寺《かさもりでら》** 0475-46-0536
千葉県長生郡長南町笠森302

32番 **清水寺《きよみずでら》** 0470-87-3360
千葉県いすみ市岬町鴨根1270

33番 **那古寺《なごでら》** 0470-27-2444
千葉県館山市那古1125

高野山へ参詣
―満願成就―

四国遍路の結願のあと
訪れたい弘法大師の聖地

四国の遍路旅を終えたお遍路さんたちが目指す場所がある。八十八ヶ所の札所をすべて打ち終え〝結願成就〟をむかえたのち、無事遍路旅を終えることができた感謝の報告をする「お礼参り」をするために、和歌山県にある高野山に向かうのだ。

弘法大師が入定している高野山の奥之院への参拝は、遍路結願からすぐに行く必要はなく、日を改めて出発してもよい。こちらへのおつとめをすることで〝満願成就〟となり遍路の旅路を胸に刻みたい。

弘法大師が生き続ける
山上の高野山奥之院

海抜1000mを越える山岳地帯にある高野山こそ、弘法大師の入定の地であり、今なお生きていると信じられている聖地である。入口となる西端にある大門の先には、壮大な総本山金剛峯寺など120以上の寺院が並び、対極となる東端に存在するのが奥之院。苔むす約2kmの参道を歩き、不滅の法燈《ほうとう》が輝く燈籠堂の奥に、弘法大師の廟はある。そこは、訪れる者すべての罪障が洗われるという。ぜひ「同行二人」の感謝を伝え静かに手を合わせたい。

高野山へのインフォメーション

住 和歌山県伊都郡高野町高野山
☎ 0736-56-2616(高野山観光協会)
交 南海電鉄高野線難波駅から特急極楽橋行きで1時間25分、終点下車、高野山ケーブルに乗り換え5分、高野山駅下車。奥之院へは南海りんかんバス奥の院行きで20分、終点下車すぐ。車の場合は、阪和自動車道美原北ICから、国道170・310・371号で橋本へ。橋本から高野山道で約29km
開 8:30～17:00(一部受付は30分前)
料 奥之院は拝観無料。金剛峯寺・金堂・大塔・霊宝館・高野山大師教会(授戒券)・徳川家霊台はセット拝観券1500円
宿 高野山内に50以上の宿坊がある。問い合わせ・予約は高野山観光協会・宿坊組合へ

セット拝観券:1500円
拝観各所、高野山観光協会でお求めください。

■取材協力店・協力団体

門前一番街

遍路巡りの出発点、第1番札所霊山寺の門前にある。白衣や、輪袈裟、納経帳など巡礼に必要な用具の一式がそろう。

徳島県鳴門市大麻町板東字西山田(霊山寺門前)
☎088-689-4388
http://www.narutokanko.co.jp/monzen/

四国八十八ヶ所霊場会

先達の組織化やPR活動を中心に、四国遍路を始める際に、知っておきたい歴史や心得、霊場案内など基本知識をホームページに掲載している。

香川県善通寺市善通寺町1065-1
☎0877-56-5688
http://www.88shikokuhenro.jp

へんろみち保存協力会

遍路道の整備・復元作業、道標の表示、遍路石の建立などに取り組んでいるほか、歩き遍路に便利な地図を発行（→P.42）。

愛媛県松山市ひばりヶ丘5-15
☎089-951-2506
http://www.iyohenro.jp/

高野山真言宗 総本山金剛峯寺

和歌山県・高野山にある総本山金剛峯寺。弘法大師の入定の地である奥之院は、四国遍路を終えた「お礼参り」の聖地として信仰が集まる。

和歌山県伊都郡高野町高野山132
☎0736-56-2011
http://www.koyasan.or.jp/

■参考文献

『四国八十八ヶ所 はじめての遍路』（NHK出版）
『るるぶ四国'10』（JTBパブリッシング）
『四国八十八カ所ウォーキング』（JTBパブリッシング）
『四国遍路完全ガイド　まるごと早わかり四国八十八カ所巡拝』（双葉社）
『古寺巡礼2　四国八十八カ所めぐり』（JTBパブリッシング）
『四国八十八カ所の旅』（淡交社）
『四国八十八ヶ所めぐり－お大師さんと行く遍路18コース』（昭文社）
『坂東三十三ヶ所　秩父三十四ヶ所巡り』（昭文社）
『西国三十三ヶ所めぐり－全札所完全ガイド・周辺観光ガイド付き』（昭文社）
『般若心経がよくわかる本』（主婦と生活社）
『現代に生きる空海のことば』（日本文芸社）

※本書の料金等のデータは2010年3月現在のものです。ご利用の際は最新の情報をご確認ください。

五十嵐英之（いがらし　ひでゆき）

旅行ライター・カメラマン。立正大学文学部史学科卒。学生時代から日本の歴史・風土・民俗文化に興味を持ち、カメラを手に各地を放浪。大学卒業後、旅行書出版社勤務を経て、1998年に個人事務所【Studio HI@】を設立してフリーランスの道へ。日本の歴史・自然・食べ物・温泉等を対象に現在も精力的に取材・執筆活動を展開している。日本旅行記者クラブ会員。

装幀　石川直美（カメガイ デザイン オフィス）
撮影　五十嵐英之、清水亮一（アーク・フォトワークス）
イラスト　小酒句未果、岡本倫幸
地図　岡本倫幸
DTP　明昌堂
本文デザイン　リクリ デザインワークス
編集協力　白方美樹（アーク・コミュニケーションズ）
編集　鈴木恵美（幻冬舎）

知識ゼロからの遍路入門

2010年6月25日　第1刷発行

著　者　五十嵐英之
発行人　見城　徹
編集人　福島広司

発行所　株式会社 幻冬舎
〒151-0051　東京都渋谷区千駄ヶ谷4-9-7
電話　03-5411-6211（編集）　03-5411-6222（営業）
振替　00120-8-767643
印刷・製本所　株式会社 光邦

検印廃止

ISBN978-4-344-90190-2 C2076
Printed in Japan
幻冬舎ホームページアドレス　http://www.gentosha.co.jp/
この本に関するご意見・ご感想をメールでお寄せいただく場合は、comment@gentosha.co.jpまで。